삶은 사랑이며 싸움이다

존엄하게 살기 위한 인문학 강독회

삶은 사랑이며 싸움이다

유창선 지음

사우

내 삶의 산맥을 만든다는 것

책을 읽는 것은 본질적으로 고독한 행위다. 다른 사람들과 섞이지 않고 혼자서 읽는다는 이유만은 아니다. 인간은 가장 고독할 때 책을 찾는다. 자신이 세상 속의 이방인이라는 생각이 들 때, 또 다른 나를 만나기 위해 책 속으로 들어간다.

도스토옙스키는 스물네 살 때 집에서 책 읽기에 몰입했다고 회고하며 이렇게 말했다. "독서 이외에는 할 일이 없었고 아무 데도 갈 곳이 없었다. 그리고 당시 내 주위엔 존경할 만한 것도, 마음이 끌리는 것도 없었다. 게다가 나는 우울함에 사로잡히곤 했다."(『지하생활자의 수기』)

그럴 때 마음을 잡아주는 것이 책이다. 내가 다시 책에 빠져들었던 것도 가장 고독했을 때였다. 한 시대가 바뀔 때마다 사람들은 이쪽과 저쪽을 오가며 우르르 몰려다녔다. 시대를 막론하고 세상은 온통 서로 무리 지어 있다. 어느 쪽이든 사람들은 무리를 지어 자기들의 도덕을 만들고 영웅을 만들며 정치를 해나간다. 하지만 어떤 무리이든 그 일원이 된다는 것은 자유를 내려놓는 대신 속박을 감수하는 것이다. 그러니 무리의 도덕과 나의 도덕이 일치하지 않는다는 이유로 나는 언제나 떠도는 유목인이어야 했다. 그런데 세상의 모든 일은 그 무리 안에서 이루어진다. 나는 그 경계 밖에서 세상을 물끄러미 지켜볼 뿐이다.

천사를 그려달라는 교회의 주문에 쿠르베는 이렇게 답했다. "나에게 천사를 보여주시오. 그러면 천사를 그려주겠소." 쿠르베는 사상이나 관념에 따라 그림을 그리지 않고, 자신이 직접 눈으로 확인하고 느낀 것만을 그렸다. 그런 점에서 오직 사실과 진실로부터 판단을 구하려는 나는 또 다른 사실주의자일지 모른다. 나 역시 내 눈으로 직접 확인하지 않고서는 천사를 믿지 않는다. 하지만 세상은 그런 사람을 그다지 좋아하지 않는다.

나는 알고 싶었다. 세상이 옳고 내가 틀린 것인지, 내가 옳고 세상이 틀린 것인지, 아니면 둘 다 틀린 것인지. 그 답을 찾기 위해 책을 읽었다. 나와 이야기를 나눌 누군가를 책 속에서 찾으려고 나섰다. 그래서 동네 독서실 구석 학생들 틈에서 책들을 쌓아놓고는 아침부터 밤늦게까지 닥치는 대로 읽었다. 그렇게 몇 년의 시간이 지나고 있다.

책 속에서 만난 사람들은 모두 나와 비슷한 고민을 안고 있었다. 내가 하고 있던 고민을 2500년 전부터 오늘에 이르기까지, 수많은 철학자와 작가들도 하고 있었다. 삶의 동지를 만난 기분이었다. 아, 나만이 아니었구나! 그들도 외로웠구나. 그럼에도 자신의 얼굴을 잃지 않았구나.

나는 책 속에서 만난 사람의 이야기를 들으며 대화를 나눈다. 그 대화는 다시 내 안에서 자아와의 대화로 이어진다. 책을 읽는 나는 더 이상 혼자가 아니다. 작가와 등장인물들, 그리고 나와 자아가 한데 섞여서, 다른 곳에서는 꺼낼 수 없었던 대화를 나눈다. 책 읽기는 지극히 고독한 행위이지만, 그 고독을 이겨내는 힘을 준다.

그것이 '책' 이야기를 가지고 이렇게 한 권의 책을 쓰게 된 이유다. 이 책에는 내가 좋아하는 열두 권의 책이 소개되어 있다. 문학 책도 있고 철학 책도 있다. 그렇다고 해서 단순히 서평을 모아놓은 것은 아니다. 이 책은 사실은 '책' 이야기가 아니라 '삶'에 관한 이야기다. 그 삶을 이야기하는 과정에서 저자인 내가 사는 이야기도 군데군데 들어간다. 자칫 자기를 드러내고픈 욕망이 개입되지 않을까 해서 망설이기도 했지만, 사유와 삶의 일치를 통해 자존을 지키려는 한 사람의 모습으로 받아주시면 고맙겠다.

차라투스트라는 이렇게 말했다.

산이 높아질수록 나와 함께 산을 오를 자는 그만큼 적어진다. 나는 더욱 신성해지는 산들로 하나의 산맥을 만들어낸다.

함께 산을 오를 자가 갈수록 적어짐을 실감한다. 하지만 그렇더라도, 책은 내 삶의 산맥을 만들어낼 힘을 키워준다. 여러분도 저마다 책을 통해 자기만의 산맥을 만들어가기를 권하는 마음이다.

지난해에 첫 인문학 책 『이렇게 살아도 되는 걸까』를 낸 지 1년 반 만에 두 번째 책을 낸다. 나의 부족함에 대한 아쉬움이 남는 것은 이번도 마찬가지다. 나는 아직 더 여물어야 할 열매다.

삶은 사랑이며 싸움이다. 사랑하는 삶을 살려면 우리는 부단히 싸워야 한다. 내가 이 책을 내는 것도, 사랑하고 싶기에 벌이는 싸움일지 모른다. 더 뜨겁게 사랑하고 싶다. 그래서 나는 삶과의 치열한 싸움을 계속할 수밖에 없다. 독자들의 삶에 조금이나마 힘이 되는 책이 되기를 소망한다.

2017년 겨울에

유창선

차례

01

고통을 이겨내는 힘은
어디서 오는가

– 프리드리히 니체, 『이 사람을 보라』

"그를 죽이지 못하는 것은 그를 더욱 강하게 만든다."

내가 니체를 본격적으로 읽은 것은 가장 외롭고 힘들 때였다. 정치적 환경 때문에 방송 일이 다 끊겼을 때 나는 혼자 세상으로부터 고립된 느낌이 들었다. 이제 그렇게 살아가야 하나 하는 생각이 들었을 때 『차라투스트라는 이렇게 말했다』를 읽었다. 쉽게 읽히는 책은 아니었지만 니체의 말들은 가라앉았던 나의 내면을 일으켜 세우고 있었다. "내가 바라는 삶을 살자. 아니면 더 이상 살지를 말든가." "높이 오를 생각이라면 그대들 자신의 발로 그리하도록 하라!"

삶이 어렵고 힘들 때,
니체를 만나
—

그 뒤로 니체를 계속 읽어갔다. 내용이 난해해서 해설서를 뒤지고 강의를 들으러 다니기도 했다. 내가 다니던 인문학 공동체에서는 다른 철학자들과 비교할 수 없을 정도로 많은 수강생이 니체 강의실을 찾았다. 니체는 한국에서 가장 인기 있는 서양 철학자로 꼽힌다. 대부분의 철학서가 그렇지만 니체를 읽는 것은 결코 쉽지 않은 일이다. 그럼에도 많은 사람이 니체에 관한 책을 읽고 강의를 들으러 온다. 무엇 때문이었을까.

다들 사는 게 어렵고 힘들기 때문이다. 삶이 힘들고 외롭다고 느끼는 많은 사람이 니체를 통해 자기 자신을 사랑하고 고통을 극복해나갈 힘과 용기를 얻고 싶었던 것이다. 니체를 읽으면 그것이 가능해지는 것일까.

나 역시 니체로부터 많은 힘을 얻었던 기억이 있다. 니체는 "나는 고독이 필요하다"며 "보라, 나 끊임없이 자신을 극복해야 하는 존재다"라고 말해주었다.

우리는 아주 거센 바람처럼 저들의 머리 위 높은 곳에 살고자 한다. 독수리와 이웃하고, 만년설과 태양과도 이웃하면서 말이다. 거센 바람이라면 그렇게 산다. (『차라투스트라는 이렇게 말했다』)

니체가 우리에게 그런 힘을 줄 수 있는 것은 그 자신이 누구보다도 고독하고 고통스러운 삶을 살았던 철학자이기 때문일 것이다. 그는 당대에 제대로 인정받지 못했던 철학자다. 친구들도 그의 새로운 사상을 이해하지 못했고, 그가 쓴 책은 대중의 관심을 끌지 못했다. 그는 인기 있는 저자가 아니었기에 『차라투스트라는 이렇게 말했다』를 낸 후에는 모두 자비 출판을 해야 했다. 그 자신이 "나 자신의 때도 아직은 오지 않았다. 몇몇 사람은 죽은 후에야 태어나는 법"이라며 자신에 대한 평가는 후대에 가서야 가능할 것임을 예언했다.

한편 그의 고독한 작업은 시력과 정신력을 갉아먹었다. 말년에 니체는 시력을 거의 잃은 상태였고, 그의 말기 저작들은 병마와 싸우면서 나온 것이다. 니체는 1889년 초 마지막 작품인 『디오니소스 송가』를 완성하고 최종 교정을 마친 직후 토리노의 알베르토 광장에서 쓰러졌다. 숙소를 나오다가 난폭한 마부 하나가 말을 학대하는 것을 보고는, 통곡하면서 달려가 말의 목을 부여잡고 쓰러졌다. 그 뒤 니체는 정신병원에 수용되었다. 그렇게 12년 동안 어머니와 여동생의 돌봄을 받다가 1900년에 생을 마감한다.

그가 병원에서 쓴 자전적 글들을 모은 『나의 여동생과 나』가 1923년에 출판되었다. 그 글에서 니체는 자신의 생을 "'자유'와 '숙명'이 벌이는 결투였고, '신이 되려는 나의 욕망'과 '한 마리 벌레로 남아야 할 숙명'이 벌이는 결투"였다고 회고한다. 그에게는 삶이 곧 결투였던 것이다.

하지만 병마와 고독의 고통 속에서도 니체는 자신의 삶을 긍정했다. "힘들게 위액을 토해내는 사흘 동안 편두통의 고문에 시달리는 와중"에도 자신은 "명석한 정신을 유지했으며, 사물에 대해 아주 냉정하게 숙고했다"라고 말한다. 건강한 상태였더라면 그렇게 숙고하지 못했을 것이고 충분히 예리하지도 못했을 것이라며 오히려 병이 자신을 깨어 있게 했다고 받아들인다.

니체에게 고통은 살아 있다는 증거였다. 병은 살아 있는 사람만이 걸리는 것이고, 죽은 사람은 병에 걸릴 수조차 없다. 중요한 것은 그 병과 싸워 이겨내는 것이었다. 니체는 견디어냈다. 그는 고통스러웠지만 저작에 대한 열정을 불태웠고, 철학의 불덩어리 속에서 그렇게 스러졌다.

니체의 삶을 아는 사람이라면 그의 말들이 단순한 허언이 아닌, 삶 그 자체였음을 알 것이다. 그래서 니체에게 공감하게 되는 것이다. 니체의 힘은 철학과 삶의 일치로부터 나오는 것이기 때문이다.

그런 니체를 읽으며 생각했다. 나의 어려움이 그렇게 엄청

난 것일까. 그것은 과연 견디어낼 수 없는 무엇인가. 니체는
그 고통스러운 병마와 고독 속에서도 마지막 불꽃을 피우지
않았던가. 철학을 향한, 아니 자신의 삶을 향한 니체의 투혼
은 나의 내면을 일깨웠다. 너도 일어나라고.

망치를 들고
우상을 파괴하는 철학자
—

　고통을 극복해가는 삶의 의지, 우상을 파괴하는 전복적 사
고의 힘, 수려한 문장을 구사하는 철학자로서 니체의 매력은
발산된다. 1889년에 출판된 『이 사람을 보라』는 니체의 철학
적 자서전과도 같은 책이다. 「나는 왜 이렇게 현명한지」, 「나
는 왜 이렇게 영리한지」, 「나는 왜 이렇게 좋은 책들을 쓰는
지」, 「왜 나는 하나의 운명인지」로 구성된 이 책에서 니체는
자신의 저작들에 대한 소회를 밝히고 있다. 『인간적인 너무나
인간적인』, 『아침놀』, 『즐거운 학문』, 『차라투스트라는 이렇게
말했다』, 『선악의 저편』, 『도덕의 계보』, 『우상의 황혼』, 『바그
너의 경우』 같은 저작에 대한 니체 자신의 생각을 읽을 수 있
다.

니체는 『이 사람을 보라』 서문에서 이렇게 말한다.

나는 이제껏 덕 있다고 존경받았던 인간 종류에 정반대되는 본성을 지닌 존재다. (……) 인류를 '개선'한다는 따위는 나는 결코 약속하지 않을 것이다. 나는 어떤 새로운 우상도 일으켜 세우지 않는다. 우상의 파괴, 이것은 이미 내 작업의 일부다.

니체는 1889년에 『우상의 황혼』을 출판했는데, 정확한 제목은 『우상의 황혼 또는 어떻게 망치를 들고 철학하는지』이다. 흔히 니체를 가리켜 '망치를 든 철학자'라고 하는 것은 바로 여기에서 따온 것이다. 니체는 이 책이 "모든 가치의 전도의 1권"이라고 밝히고 있다. 그는 이제까지 숭배되어왔던 서양의 모든 가치를 전복하고자 한다. 그래서 니체는 『이 사람을 보라』에서 "이보다 더 내용이 풍부하고 더 독보적이며 더 파괴적인 책은 없다"라고 단언한다.

니체가 말한 우상은 무엇을 가리키는가. "그 표지에 쓰여 있는 우상이 의미하는 바는 아주 간단하다. 그것은 이제껏 진리라고 불리던 모든 것이다." 니체가 망치를 들고 부숴버린 것들은 서양 철학과 서양 정신에서 오랫동안 영향력을 행사해온 우상들이었다. 소크라테스 이래 서양의 이성 중심주의 철학 전통을 파괴하고, '이웃 사랑'을 내건 그리스도교의 위선을 고발하겠다며 그는 망치를 든다.

그렇게 니체는 서양의 거대한 정신과 문화에 홀로 맞서는 도발적 전복성을 유감없이 보여주었다. 아무도 인정해주지 않는데도 열정적인 작업을 통해 절규와도 같은 저작을 내놓은 그의 삶은 가히 혁명아적이었다. 그는 굳이 많은 사람의 공감을 얻으려 매달리지 않았다. 기존의 가치를 전복하는 것은 고독한 일이다. 그러나 인간의 정신은 가장 고독한 가운데 최고로 각성될 수 있으며, 그럴 때 인간은 자신의 의지로 많은 것을 이루어낼 수 있음을 니체는 보여주었다.

"그를 죽이지 못하는 것은 그를 더욱 강하게 만든다"던 니체의 말은 그 자신에게 해당하는 것이었다. 혼자서 망치를 들고 2000년 넘게 이어온 서양의 정신을 파괴하겠다고 나선 두려움 없는 용기. 그런 니체를 읽으며 우리도 덩달아 용기를 갖게 되는 이유다.

시대를 지배하는 가치와 나의 가치가 충돌하는 경험을 종종 하게 된다. 그럴 때 시대와의 불화가 두렵거나 불안하다면 니체를 떠올릴 일이다. 그는 오래된 역사를 가진 서양 정신을 전복시키겠다고 망치를 들지 않았던가. 아무도 동조해주는 사람이 없던 시절에 말이다.

가혹한 운명 앞에서도
새처럼 가벼워지는 법
—

그런데 고통을 이겨내는 힘은 어디서 오는 것인가. 이성만으로는 그것을 해낼 수 없다고 니체는 말한다. 소크라테스부터 근대 철학에 이르기까지 이성 중심주의가 확고한 전통으로 자리 잡은 서양 철학을 향해 니체는 새로운 주장을 하고 나선 것이다.

인간의 삶에는 디오니소스적인 것과 아폴론적인 것이 있다. 디오니소스는 술의 신이고, 아폴론은 이성과 절제의 신이다. 감성과 도취, 격정과 망각은 디오니소스적인 것이고, 이성과 이론, 깨어 있음은 아폴론적인 것이다. 인간은 긴장되고 각성되어 있는 상태만으로는 살아갈 수 없다. 때로는 술에 취하기도 하고 춤도 추며 이완된 모습으로 살아간다. 술에 취해 자신의 평소 모습을 망각한 채 황홀경에 빠져 춤추고 노래 부르는 것이 디오니소스적인 것이다.

서양의 문화는 너무 이성만을 추구하는 아폴론적인 것에 치우쳐 있다는 것이 니체의 진단이었다. 그래서 니체는 삶에 내재된 원초적 비극성을 축제의 명랑성으로 극복해낸 그리스인들의 디오니소스적 정신을 기린다. 그리스 비극은 도취라는 디오니소스적 정신을 구현하여 인간의 원초적 감정을 통해 고통을 극복하는 삶을 이끌어냈다. 디오니소스적인 것에 의해 "인간은 노래하고 춤추면서 더 높은 공동체의 일원"임을 표현하고 "이웃과 하나 됨"을 경험한다. 그것을 얘기한 것이 『비극의 탄생』(1872)이다.

디오니스적인 것의 구현은 차라투스트라를 통해 나타난다. 차라투스트라는 니체의 분신이다. 니체는 『이 사람을 보라』에서 차라투스트라에 대한 강한 애착을 표현한다. 자신이 얘기한 디오니소스적이라는 개념이 차라투스트라를 통해 최고의 행위가 되었다고 설명한다.

니체는 묻고 답한다. "어떻게 가장 무거운 운명을, 숙명적인 과제를 짊어지고 있는 정신인 그가, 그럼에도 불구하고 가장 가볍고도 가장 피안적일 수 있는가 하는 것이다. ― 차라투스트라는 춤추는 자다." 그것은 디오니소스적인 개념 그 자체인 것이다.

인간은 대지의 삶이 무겁다고 여긴다.
중력의 정령(정신)이 바라고 있는 것이 바로 그것이다.
그러나 가벼워지기를 바라고 새가 되기를 바라는 자는 자기 자신을 사랑해야 한다.

이것이 나의 가르침이다. (『차라투스트라는 이렇게 말했다』)

어떻게 가장 무거운 것이 가장 가벼워질 수 있는가? 삶에 대한 니체의 질문이었다. 가장 무거운 운명 앞에서도 가벼워지고 춤출 수 있는 인간이라니. 세상이 아무리 고통스러워도 우리는 어떻게든 살아가야 한다. 그렇다면 발걸음을 가볍게 하여 춤추고 싶은 생각이 들도록 할 일이다. 누구보다 무겁고 고통스러운 삶을 살았던 니체이지만, 그 무거운 대지의 삶을 가볍게 만들라고 차라투스트라의 입을 빌려 그는 말한다. 그래야 자유롭게 하늘을 날 수 있기에.

사는 게 너무 힘겨울 때 '이를 악물고' 살아가려고 한다. 하지만 고통스러운 운명의 무게를 그대로 짊어지는 삶은 자유롭게 날 수 없는 삶이다. 이때 필요한 것이 나 자신에 대한 사랑이다. 내가 나를 믿고 사랑할 때 삶의 발걸음은 가벼워질 수 있고 비로소 새처럼 날 수 있다. 그래서 아모르파티(Amor fati), 고통과 실패까지도 사랑하는, 자신의 운명에 대한 사랑을 니체는 우리에게 말하는 것이다. 니체는 "인간에게 내재되어 있는 위대함에 대한 내 정식은 운명애"라며 자신의 운명을 사랑하라고 말했다. 그래서 "삶이 내게 가장 어려운 것을 요구할 때 삶은 내게 가장 가벼워진다."

사는 게 힘들어도 자학하며 스스로를 갉아먹어서는 안 된다. 나는 내 삶에 최선을 다하지 않았던가. 그래도 찾아오는 고통의 운명은 내 탓이 아니다. 나를 탓할 것이 아니라, "괜찮아. 너는 충분히 노력했어"라는 위로를 자신에게 건네야 하지 않겠는가.

그렇게 자기애가 있는 사람은 자기를 극복할 줄 안다. 그래서 "내 인간애는 끊임없는 자기극복"이다. 그것을 통해 인간은 강해진다.

사람은 강건하게 자기 자신을 잡고 있어야만 한다. 그리고 용감하게 자신의 두 다리로 서야만 한다. 그렇지 않으면 결코 사랑할 수 없다.

아무리 삶이 고통스러워도 자기를 사랑하고 극복해나가면서 인간은 강해질 수 있음을 니체는 말하고 있다.

"너 혼자의 힘으로
살아가라"

___

나는 20여 년 동안 프리랜서로 활동해왔다. 그런데 이 일
은 무척 변덕스럽다. 잘나갈 때는 그래도 많은 사람들에 둘러
싸여서 일을 하지만, 반대의 경우에는 잊힌 외톨이가 되기 십
상이다. 이명박-박근혜 정부 시절 정치적으로 배제되는 인물
이 되어 방송 일이 거의 끊겼을 때, 내가 이렇게 사라져가도
아무도 모르겠구나 하는 생각이 들었다. 세상으로부터 고립
된 것 같은 시절이었다. 그 무렵 혼자 독서실 구석에 처박혀
서 니체를 읽었다.

그때 위로가 되었던 것은 누구보다 고독했던 니체로부터
발견한 강한 힘과 용기였다. 니체는 살아가는 데 고독이 아무
런 문제가 되지 않으며, 오히려 사람은 고독할 때 가장 깨어
있고 충만한 정신을 가질 수 있다고 말했다. 가장 고독했을
시간에 그는 열정적으로 글을 쓰고 책을 펴냈다. 외롭다는 것
은 생각만큼 나쁜 것이 아니다. 외로운 사람이 약한 것은 더
욱 아니다. 니체는 내가 가장 외로웠을 때 시공을 초월하여
함께 했던 둘도 없는 동지였다.

하지만 니체는 그 누구도 자신에게 의존하는 것을 원하지

않았을 것이다. 그는 도시를 떠나는 차라투스트라의 입을 통해 이렇게 말했다.

"나의 제자들이여, 이제 나 홀로 나의 길을 가련다. 너희들도 이제 한 사람 한 사람 제 갈 길을 가라! 내가 바라는 것이 바로 그것이다. 진실로 너희들에게 권하거니와 나를 떠나라. 그리고 차라투스트라에 저항하여 스스로를 지켜라. 더 바람직한 일은 차라투스트라의 존재를 부끄러워하는 일이다! 그가 너희들을 속였을지도 모르지 않는가."

차라투스트라는 제자들에게 자기를 믿지도 말고 숭배하지도 말라고 했다. 자기와 상관없이 각자의 길을 가라고 말했다. 나는 차라투스트라가 제자들에게 했던 그 이야기를 무척 좋아한다. 내가 살아가야겠다고 생각했던 바로 그 길이기 때문이다. 누구에게 의존하여 다른 사람의 생각대로 살아가는 것이 아니라, 나 자신이 생각하는 대로 나의 삶을 사는 것, 그것이 자기의 얼굴대로 살아가는 것이다. "나는 어떤 것도 자기의 모습과 다르게 되는 것을 결코 원치 않는다"라고 했던 니체의 삶이 그런 것이었을 게다.

내가 아닌 다른 사람들, 그리고 세상은 언제 달라질지 알 수 없다. 그러니 자신의 힘으로 살아가는 것만큼 오래 가는 것은 없다. 니체는 혼자 힘으로 살아가라고 거듭해서 말한다.

어느 누구도 네게 삶의 강을 건너게 해줄 다리를 만들어주지 않는다. 오로지 너 혼자만이 그럴 수 있다. (『반시대적 고찰 Ⅲ』)

니체는
나의 동지였다
—

우리는 행복하게 살기를 소망한다. 하지만 운명은 쉽사리 행복을 내주지 않는다. 살다 보면 기쁨의 시간보다 걱정과 어려움의 시간이 많았음을 발견하고는 낙담하기 쉬운 것이 우리네 삶이다. 도중에 지치기 쉬운 인생의 여정이다. 누구나 그렇겠지만, 나 또한 살아오면서 어렵고 힘든 시간들이 여러 번 있었다.

하지만 어려움이 닥쳤을 때 내 의식이 그 어느 때보다 깨어 있음을 발견하게 되었다. 삶의 벼랑 끝에서 더는 물러날 수 없다는 절박함은 삶에 대한 긴장을 한껏 끌어올렸고, 내가 직면한 상황에 무릎 꿇지 않겠다는 각오와 함께 새 길을 열어가겠다는 의지가 솟구쳤다. 시시포스가 형벌의 고통 속에서도 다시 산 아래로 내려가려는 순간에 의식이 깨어나듯이, 자신의 고통과 마주 보고 앞길을 개척하는 시간은 의식이 깨어나는, 그래서 운명을 이겨내는 순간이다.

시련은 우리를 단련시켜 더 강하게 만들어준다. 창백한 얼굴의 연약했던 한 인간은 삶의 시련을 거치며 운명의 무게 속에서도 자신을 가볍게 만드는 법을 익혀왔다. 세상을 향한 분노의 무거움을 온유함의 가벼움으로 바꾸어가는 지혜를 깨우쳐가고 있다. 인간은 그렇게 스스로를 극복해가며 새로 태어난다.

니체는 『즐거운 학문』(1882)에서 "신은 죽었다. (……) 우리가 그를 죽였다"라고 선언했다. 신이 죽었다는 것은 무엇을 의미하는가. 신은 인간이 믿어왔던 중심이었다. 신의 죽음은 그 중심이 사라졌음을 의미한다. 그동안 믿고 숭배해온 기존의 가치들이 전도된 것이다. 모든 가치가 무너진 그 자리는 비어 있다. 절대적 가치에 대한 믿음이 붕괴한 그 자리를 우리는 무엇으로 채울 것인가. 니체는 신이 죽은 바로 그 자리에 인간을 살려내려 한 것이다.

처음에 꺼냈던 질문으로 다시 돌아가 보자. 우리는 왜 니체를 읽는가. 사실 그는 대단히 논쟁적인 인물이다. 니체가 말하는 이상적인 인간 유형인 '초인(Übermensch)'은 범인(凡人)들이 따라가기 어려운 경지일 것이다. 또한 니체는 개인주의자이며 귀족주의적인 사고를 드러내기도 한다. 그는 민주주의자가 아닌 엘리트주의자였다. 그는 자기도취적이고, 병을 앓은 탓인지 변덕스럽다. 그런 점에서 니체의 철학은 우리가 가까이 하기 어려워 보인다.

그럼에도 우리는 니체를 읽는다. 사는 게 힘들고 고통스러워서, 그럼에도 삶을 사랑하고 싶어서, 그리고 지금의 내가 아닌 새로운 내가 되고 싶어 니체를 읽는다. 그래서 니체는 시련에 빠진 나를 단련시키고 강하게 태어나도록 이끌어준다. 나도 니체를 읽으며 그렇게 성장했던 기억이 있다.

세상은 그대로인데 변덕스러운 것은 나의 마음이다. 지난밤 그렇게 절망스러웠던 세상의 색깔이 다음 날 아침이면 환해 보이는 것이 우리의 마음이다. 내 마음이 뿌연 회색빛에 젖어 들어가던 날이면 니체의 책을 펴서 그의 잠언들을 읽곤 했다.

우리는 동요하고 있다. 하지만 그것 때문에 불안해하거나 새로 얻은 것을 포기할 필요는 없다. 게다가 우리는 낡은 것으로 되돌아갈 수도 없다. 우리는 이미 배를 불태워버리고 말았다.

용감해지는 수밖에 없다. (『인간적인 너무나 인간적인』)

내가 힘들 때, 그는 나의 동지였다.

02

나답게 산다는 것은
무엇인가

— 헤르만 헤세, 『수레바퀴 아래서』

뿌리에서 움튼 새싹은 하루가 다르게 쑥쑥 자라나지만,
그것은 단지 겉으로 보이는 생명에 불과할 뿐,
결코 다시 나무가 되지는 않는다.

우리가 살면서 누릴 수 있는 행복 중 하나는 하고 싶은 일을 하면서 사는 것이다. 하고 싶지도 않은 일을, 오직 먹고살기 위해 해야 하는 삶은 얼마나 고단한가. 하고 싶은 일을 하면서 먹고살 수 있을 때 인간의 노동은 비로소 자기실현이 된다. 그런데 그것이 쉽지가 않다. 『장자(莊子)』 소요유편(逍遙遊篇)에 나오는 대붕(大鵬)처럼, 세속에 얽매이지 않고 하늘을 자유롭게 날듯이 살아갈 수 있기를 바라는 마음이 누구에게나 있지만, 막상 그런 삶은 불가능한 경우가 많다.

나 또한 자유인으로 살기 위해 평생 분투해왔다. 구속받지 않고 자존감을 지키며 자유롭게 살고 싶었다. 그래서 언제나 마음이 가는 대로, 하고 싶은 일을 찾아 살아왔다. 힘들지만 자유로운 삶이었다. 힘들었던 것이 더 컸는지, 자유의 기쁨이 더 컸는지는 죽을 때 결산해봐야 알 것이다.

그런 나에게 세월이 흘러 다시 읽은 헤르만 헤세의 『수레바퀴 아래서』는 새로운 느낌으로 다가왔다. 자신이 바라던 삶을 살지 못했던 소년의 죽음이 이렇게 애절한 것이었구나, 예전에는 미처 알지 못했던 무게가 전해졌다.

헤세의 자전적 소설인『수레바퀴 아래서』는 사회와 학교의 수레바퀴에 깔려 죽은 소년 한스 기벤라트의 삶에 관한 이야기다. 한스는 작가 헤세의 분신이다. 헤세 자신이 명문 신학교에 들어갔지만 적응하지 못하고 신경쇠약증에 걸려 중퇴하고 말았다. 헤세는 짝사랑 때문에 자살기도까지 하는 질풍노도의 시기를 겪기도 했고, 학업을 중단한 뒤 시계부품 공장의 견습공으로 일하기도 했다. 방황하던 헤세는 서점 점원이 되었고, 그때부터 글쓰기를 시작하면서 삶의 안정을 찾을 수 있었다. 그런 점에서 소설의 주인공 한스는 영락없는 헤세의 모습이다. 한스가 겪었던 아픔이 바로 헤세의 아픔이었던 것이다.

1900년 무렵 독일 남서부의 슈바르츠발트라는 작은 마을에 한스 기벤라트라는 소년이 살고 있었다. 한스는 매우 재능있는 아이였고, 그 지역에서는 영리한 아이들의 진로가 정해져 있었다. 주(州)에서 치르는 시험을 통과하여 신학교에 입학한 뒤 수도원에 들어가고, 나중에 목사가 되거나 대학 교수가되는 것이었다. 그것은 다들 부러워하는 엘리트 코스였다.

원래 한스는 자연을 좋아하던 소년이었다. 자연의 풍경과 추억이야말로 한스가 진정으로 가까이 하고 싶었던 것이다. 하지만 공부라는 수레바퀴에 치여 좀처럼 그럴 기회를 가질 수가 없었다. 한스는 2등이라는 우수한 성적으로 신학교에 합격했다. 마을 사람들은 그를 눈여겨보기 시작했고, 선생님들과 마을 목사, 아버지, 특히 교장 선생까지 격려의 채찍질로 한스를 숨 가쁘게 몰아세웠다. 합격은 새로운 시작이었다. 한스는 신학교에서도 다른 친구들보다 앞서기 위해서는 야망과 인내심으로 더 열심히 노력해야 한다는 사실을 잘 알고 있었다. 시험에 대한 불안과 승부욕은 한스에게 조금도 쉴 틈을 주지 않았다. 타인의 욕망은 그렇게 한스의 욕망이 되었다.

학교라는
수레바퀴
—

교장 선생은 한스의 야망을 일깨우고 재촉했다. 교장 선생은 이렇게 말했다. 학교 선생들을 무정하다거나, 고루하다거나, 혹은 영혼조차 없는 속물이라고 욕하지 마라! 학교 선생의 의무는 어린 소년의 내면에 자리 잡고 있는 무질서를 바로

잡는 것이다. 교장 선생은 어린 소년에게 마음의 개조를 요구
했다.

교장 선생에게 학교의 사명이란 국가가 정한 원칙에 따라
인간을 사회에 유용한 일원으로 만드는 것이었다. 교육은 병
영(兵營)에서의 주도면밀한 군기(軍紀)처럼 완성된다. 교장 선
생은 한스에게 더 열심히 공부하라고 다그쳤고, 한스는 숙제
더미에 깔릴 지경이었다. 아버지는 밤늦게까지 공부하는 아
들을 자랑스럽게 지켜보았다. 아버지도 한스에게 많은 기대
를 걸었다.

한스는 기숙사 생활을 하면서 하일너와 우정을 맺게 된다.
하일너는 한스와 전혀 다른 성격을 가졌다. 그는 모범생 공부
벌레들을 경멸했다. 그런 하일너와 한스는 어울리지 않는 관
계였다. 한스는 그와 친하게 지내면서 공부를 게을리 하게 된
다. 하일너는 말썽꾼이었고, 친구들과 싸움을 벌여 학교에서
포기한 학생이었다. 교장 선생은 한스를 불러 하일너와 어울
리지 말라고 충고한다. 그러자 한스는 "그 친구를 저버리는
것은 비겁한 일"이라고 대답한다.

학교 선생들의 생각을 헤세는 이렇게 표현하고 있다.

학교 선생은 자기가 맡은 반에 한 명의 천재보다는 차라리

여러 명의 멍청이들이 들어오기를 바란다. 어찌 보면 당연한 일인지도 모른다. 왜냐하면 선생에게 주어진 과제는 무절제한 인간이 아닌, 라틴어와 산수에 뛰어나고, 성실하고 정직한 인간을 키워내는 것이기 때문이다. 하지만 누가 더 상대방 때문에 감당하기 힘든 고통을 겪게 되는가! 선생이 학생 때문인가, 아니면 그 반대로 학생이 선생 때문인가! 그리고 누가 더 상대방을 억누르고 괴롭히는가! 또한 누가 더 상대방의 인생과 영혼에 상처를 입히고 모욕을 주는가!

하일너와 사랑에 빠진 한스는 갈수록 학교 성적이 나빠졌고, 다른 친구들과 점점 더 소원해진다. 이제 그는 더 이상 모범생이나 우등생이 아니었고, 학교 생활은 엉망진창이 되어간다. 학교의 지시를 어기고 반항하던 하일너는 결국 퇴학을 당한다. 이제 한스는 다른 학생들의 무리에 끼어들지 못하고 외톨이가 된다.

신경쇠약증에 걸린 한스는 결국 신학교를 그만두고 집으로 돌아간다. 그동안 아들의 비행 때문에 실망과 분노를 느끼던 아버지 앞에서 한스는 위축되었고, 자신의 처지를 비관하며 괴로움에 빠졌다. 한스의 건강은 갈수록 악화되었다. 이제 아무도 한스에게 관심을 갖지 않았다.

이렇듯 고통과 고독에 내맡겨진 병든 소년 한스에게 위로 자의 가면을 쓴 유령이 다가왔으니, 그것은 죽음에 대한 생각 이었다. 어느 날 한스는 잣나무 아래 앉아 오래된 시구를 중 얼거린다.

아, 나는 피곤합니다.
아, 나는 지쳤습니다.
지갑에는 돈 한 푼 없고,
주머니에도 없습니다.

한스는 어린 시절이 그리웠다. 그 시절은 훨씬 더 아름답고 즐거웠으며 생동감이 넘쳤다. 그때는 동화책도 있었고, 도둑 이야기를 담은 책도 있었다. 자그마한 정원에는 한스가 손수 매달아놓은 절구 물레방아가 돌고 있었다. 하지만 지금은 모 두 사라지고 없다. "아, 이 모든 추억이 어디로 사라져버렸단 말인가?"

한스는 아버지의 권유에 따라 대장간에 견습공으로 취직 한다. 푸른 작업복을 입고 일하면서도 한스는 방황하는 마음 을 어쩌지 못했다. 처음에는 대장장이 옷을 입은 자신의 모습 이 무척이나 우스꽝스럽게 보였다. 아는 사람들이 보면 비참한 기분이 들 것만 같았다. 하지만 시간이 지나면서 작업복에 익숙해졌고, 어느 순간부터는 기쁜 마음으로 일터로 갔다. 태어나서 처음으로 노동의 기쁨을 맛보았다. 하지만 한스는 곧 지치고 말았다. 일이 너무 힘들어 자신이 정말 이 일에 만족하고 있는지조차 알 수 없게 되었다. 피곤에 지친 그는 그저 쉬고 싶은 생각뿐이었다.

누가 소년을
죽게 했나
——

　모처럼 일요일을 맞아 한스는 작업장 동료들과 함께 마을 축제에 놀러갔다. 이들은 주점에서 여종업원과 은밀한 대화를 나누고 희롱하면서 자기들끼리 음탕한 농담을 주고받았다. 집으로 돌아가던 길, 한스는 사과나무 아래 이슬에 젖은 풀밭에 드러누웠다. 온갖 불쾌한 감정과 고통스러운 불안감, 혼란에 싸인 상념 때문에 도저히 잠을 이룰 수가 없었다. 자신이 더럽혀지고 모욕을 당한 듯한 느낌이 들었다. 한스는 큰 소리로 흐느껴 울다가 풀밭에서 몸을 일으켜 불안한 걸음걸이로 힘겹게 언덕을 내려갔다.

그 시각 밤늦도록 집으로 돌아오지 않는 한스를 기다리던 아버지는 끓어오르는 분노를 참고 있었다. 그때 한스는 이미 싸늘한 시체가 되어 검푸른 강물을 따라 골짜기 아래로 떠내려가고 있었다. 그가 어쩌다 물에 빠지게 되었는지는 미스터리였다. 자살인지 사고인지 타살인지도 알 수 없는 의문의 죽음이었다.

곱상한 얼굴의 소년은 그렇게 고이 잠들어 있었다. 장례식에 참석한 교장 선생은 라틴어 선생에게 낮은 목소리로 이렇게 속삭였다.

"그래요, 선생님. 저 아이는 훌륭한 사람이 될 수 있었을 텐데 말입니다. 뛰어난 아이들이 도리어 불운을 맞게 된다는 건 정말이지 슬픈 일이지요!"

교장 선생과 다른 선생들은 자신들이 한스에게 준 고통은 전혀 생각하지 않고 남의 얘기하듯 수군댔다. 구둣방 주인 플라이크는 묘지 문을 나서는 프록코트의 신사들을 손으로 가리키며 나지막한 목소리로 말했다.

"저기 걸어가는 신사 양반들 말입니다. 저 사람들도 한스가 이 지경에 빠지도록 도와준 셈이지요."

플라이크는 우리 모두가 한스를 죽게 했다고 생각했을 것이다.

한스는 아직 자아가 완성되지 못한 상태였다. 그는 세상의 여러 갈래길 앞에서 방황했다. 원래는 자연 속에서 산책하고 낚시와 수영을 하며 몽상을 좋아하던 소년이었다. 그런 소년이 어른들의 욕망을 자신의 욕망으로 삼게 된 것은 불행의 시작이었다. 그로 인해 자신을 잃어버린 채 힘든 시간을 겪어야 했다. 규격화된 인물을 요구하는 학교는 한스의 마음을 점차 파괴했고 그를 정신적 혼란에 빠뜨렸다. 신경쇠약으로 신학교를 떠난 뒤에도 정신적인 분열을 계속 겪어야 했다. 작업장에서 노동의 기쁨을 맛보기도 했지만 그것도 잠시, 이 세상에서 자신이 설 자리를 찾지 못했다. 사랑도 실패하고 위로해줄 사람조차 없는 환경에서 한스가 선택할 수 있는 것은 죽음밖에 없었을지 모른다.

하지만 소년이 죽었어도 교장 선생과 교사들은 남의 일 얘기하듯이 의례적인 안타까움을 표할 뿐이다. 자신들이 한스를 그 지경으로 만들었다는 생각은 꿈에도 하지 못한다. 오직 구둣방 주인 플라이크만이 한스의 죽음에 대해 사회의 책임

이 있음을 말하고 있을 뿐이다. 총명했던 소년은 그렇게 학교
와 사회라는 수레바퀴 아래 깔려 외로운 죽음을 맞아야 했다.

수레바퀴는
우리 위에도 있다
——

헤세의 이 소설은 흔히 학교라는 수레바퀴 아래에 깔려버
린 소년의 이야기로 읽힌다. 하지만 꼭 어린 소년에게만 해당
하는 이야기는 아니다. 세상의 수레바퀴는 소년 어른 할 것
없이 우리의 꿈을 짓누르고 있기 때문이다.

한스를 보면서 가장 안타까웠던 것은 자신이 하고 싶은
일이 무엇인지조차 알 수 없는 현실이었다. 자연 속을 거닐며
소소한 행복을 느끼던 한스였지만 현실에서는 자신이 원하는
것을 찾지 못했다. 학교 공부도, 아버지 곁도, 대장간 일도, 모
두 자기 것이 아니었다. 생애 가운데 가장 꿈이 많을 그 나이
에 하고 싶은 일조차 찾지 못했던 한스는 불행한 아이였다.

이런 얘기를 하면 "내가 한스다"라고 말하는 사람들이 많
이 있을 법하다. 하고 싶은 일을 하면서 사는 사람이 그리 많
지는 않기 때문이다. 지금도 청소년 시절에 갖게 되는 희망이

라는 것이, 자기 내면의 선택에서 나오는 경우가 그리 많지 않다. 대개는 어른들의 바람이 그대로 아이들의 희망이 된다.

정신분석학자 지그문트 프로이트는 「나르시시즘 서론」에서 이를 '부모의 나르시시즘'이라고 표현했다. 남자아이는 자기 아버지를 대신하여 영웅이 되어야 하고, 여자아이는 어머니가 이루지 못한 꿈에 대한 뒤늦은 보상으로 잘생긴 왕자와 결혼해야 한다는 것이다. 이처럼 유치한 속성을 지닌 부모의 사랑이란, 결국 부모의 나르시시즘을 자식이라는 대상에게 그대로 투영하는 것에 불과하다. 부모들은 자신이 포기했던 나르시시즘을 부활시켜 자식을 통해 이루고자 한다. 그래서 아이들의 욕망은 불행하게도 자신이 아닌, 타자로서 부모의 욕망일 뿐이다.

바로 오늘 우리의 이야기다. 부모들은 자신이 못다 이룬 꿈을 자식을 통해 실현하려 한다. 어느 사이 아이들은 아버지 혹은 어머니가 이루지 못한 꿈을 대신 이루어주는 존재가 되고 만다.

누구에게도 휘둘리지 않고
살고자 한다면

───

그러다 보면 우리는 자신의 꿈이 무엇인지 찾지도 못한 채 시간을 흘려보내거나, 하고 싶은 일이 있어도 도전해볼 엄두를 내지 못한다. 그것은 불행한 삶이다. 하고 싶은 일을 하면서 살 수 있는 것은, 우리가 살면서 누릴 수 있는 큰 행복 가운데 하나다.

나에게도 그 자유로운 삶의 행복을 내 손으로 만들어내기 위해 결단했던 순간들이 있었다. 나이 든 이후로는 두 번의 전환점이 있었다. 첫 번째 전환점은 하던 일을 그만두고 방송을 하겠다고 나선 일이었다. 30대 후반 우연한 기회에 방송이란 것을 하게 되었다. 어느 날 방송 프로그램 진행을 하고 있던 지인이 전화를 해서는 그날 방송에 출연해달라고 요청했다. 처음에는 한 번도 해본 적이 없다며 거절했지만 결국 강권에 못 이겨 스튜디오로 갔다. 정신없이 생애 첫 방송을 하고 나니까 PD가 좋았다며 고정 출연을 해달라고 했다. 그렇게 팔자에 없던 방송을 하게 되었는데, 이게 해보니까 재미가 있었다. 많은 청취자를 향해 내가 하고 싶은 얘기를 마음껏 할 수 있고, 출연료까지 나오니 금상첨화였다. 아예 방송을 전업으로 삼아 먹고살 수 있으면 얼마나 자유로울까, 그런 욕심을 내기 시작했다.

문제는 현실이었다. 그 시절에는 시사방송이 많지 않아서 방송에 뛰어든다 해도 과연 그런 꿈을 이루는 게 가능할까 싶었다. 게다가 가정도 있는 사람이 그 나이에 아무런 보장도 없이 다른 길로 들어서도 될까 하는 현실적인 고민이 따랐다. 생각이 왔다 갔다 했다. 고민 끝에 내린 결론은, 자유롭게 살기 위한 결단을 해야겠다는 것이었다. 만약 생각대로 되지 않으면 어떻게 할 것인가에 대한 불안보다는, 지금 미루면 하고 싶은 일에 도전할 기회가 영영 없을지 모른다는 생각이 앞섰다.

그래서 당시 근무하던 곳에 사표를 냈다. 돌아갈 다리를 내 손으로 끊어버린 셈이었다. 그러고는 미루어두었던 박사학위 논문을 마친 뒤, 본격적인 행동에 나섰다. 박사학위 논문을 하나 들고는 나를 방송에 데뷔시켜주었던 PD를 찾아가 방송을 하고 싶다고 말했다. 그러나 그는 먹고살지 못한다며 나를 말렸다. 지금이야 종편(종합편성채널)도 생기고 해서 방송사 수가 많아졌지만, 그때만 해도 지상파 방송이 전부인 시절이었으니, 시사방송을 하면서 먹고산다는 것은 좀처럼 상상하기 어려운 일이었다. 하지만 나는 이미 돌아갈 다리를 끊어버렸기에 최선을 다할 뿐이었다.

그러던 중 운 좋게도 방송 출연의 물꼬가 터졌다. 2002년 대통령 선거를 앞두고 민주당 국민경선 인터넷 생중계를 〈오마이뉴스〉와 함께 했는데, 이 방송이 화제가 되면서 일약 유명 인사가 되었다. 노무현 정부가 들어서자 시사방송도 크게 늘어났다. 여기저기에서 섭외 전화가 걸려오기 시작했고, 하루 종일 지상파 TV와 라디오를 겹치기 출연하는 바쁜 생활이 시작되었다. 그 뒤 이명박 정부가 들어서고 방송이 다 끊길 때까지, 방송이란 방송은 정말 원 없이 해본 시간이었다. 그때의 선택이 20년 동안 이어진 방송생활의 전환점이 되었던 셈이다.

두 번째 전환점은 그리 오래되지 않았다. 그렇게 방송생활을 해왔지만 내가 하는 시사방송은 정치적 환경 변화에 즉각적으로 영향을 받았다. 2007년 대통령 선거로 이명박 정부가 들어서자 정권에 비판적인 발언을 할 소지가 있는 사람들은 방송에서 전부 배제되었다. 방송인으로서 직격탄을 맞은 것이다. 2012년 대통령 선거에서 박근혜 정부가 들어섰고, 방송에 출연하기 어려운 시간이 5년 더 연장되었다.

그때 생각했다. 이렇게 10년의 세월을 보낼 것인가. 언제까지 외부 환경에 휘둘리는 삶을 살 것인가. 내 삶의 주인은 나인데, 어째서 나 아닌 다른 사람들이 내 삶을 결정짓는단 말인가. 나는 그 부조리한 상황을 받아들일 수 없었다.

그것은 내가 원하던 삶이 아니었다. 책을 들고 공부를 하기 시작했다. 방송활동을 자유롭게 하기 어렵다면, 시대를 무기력하게 쳐다보며 시간을 허비할 것이 아니라 내 삶의 힘을 키우기 위한 공부를 해야겠다고 마음먹었다. 그 속에서 나 자신의 힘으로 어떻게 살아가야 할지에 대한 답을 찾아보기로 했다. 외부 상황에 휘둘리지 않고 스스로 삶의 길을 열어가는 자유인으로서의 삶을 살고 싶었다. 그렇게 시작한 것이 늦깎이 인문학 공부였다. 남아 있는 생의 시간을 따져보면서, 진즉에 시작했더라면 하는 아쉬움이 들 때가 있다. 돌고 돌아서 이제야 진짜 나의 것을 찾은 느낌이다.

우리는
여러 번 살 수 있다
—

그동안 자유인으로서의 삶은 누렸지만, 그 과정은 결코 간단하지 않았다. 나는 혼자 일한다. 혼자서 방송하고 글 쓰고 강의하는 프리랜서였다. 믿을 것은 나 자신밖에 없기에 항상 긴장하며 일하고 준비해야 했으며, 남들이 잠들어 있는 시간에 깨어 움직여야 했다. 공짜로 얻어지는 자유는 없고, 고생 없이 이루어지는 꿈은 없다. 그 대가를 지불할 의지가 있는 사람만이 자유인의 삶을 누릴 수 있다.

물론 어디에 속하지 않고 혼자 일하기에 생계와 일의 긴장 관계가 만들어진다. 앞날을 예측하기 어렵기 때문이다. 사실 무척 신경 쓰이고 스트레스를 받는 과정이다. 하지만 자신이 선택한 길이라면 그런 것조차 긍정적인 의미로 받아들일 필요가 있다. 세상과 삶에 대해 말하고 글을 쓰면서 '생활'이라는 것을 모른다면, 마치 발을 땅에 딛지 않은 채 삶의 공론(空論)을 일삼는 것과 다를 바 없다. 괴테가 『빌헬름 마이스터의 수업 시대』에서 "눈물 젖은 빵을 먹어본 적이 없는 사람은 천상의 높은 힘을 알지 못한다"라고 했듯이, 구체적인 현실 속에서 구체적인 고민을 해본 사람만이 삶의 고귀함을 말할 수 있을 것이다.

우리는 생물학적으로 단 한 번밖에 살지 못한다. 하지만 자신의 결단에 따라서는 여러 번의 삶을 살 수 있다. 지금 살고 있는 삶이 나의 것이 아니라는 생각이 들 때, 새로운 삶을 위한 결단을 내린다면 우리는 또 한 번의 삶을 살 수 있다. 나는 지금 그렇게 또 한 번 살고 있다. 아직 꿈이 있다. 그것이 욕망의 꿈이 아닌, 열매처럼 익어가고 싶은 꿈이기에 다행스럽다.

03

소속되지 않을
자유

– 프란츠 카프카, 『성』

"당신은 절대 클람을, 정말로 만날 순 없어요."

당신은 세상에서 함께 무리 지어 살아가고 싶은가, 아니면 낯설고 외로운 존재로 살아가고 싶은가. 아마도 대부분의 사람들은 전자의 삶을 원할 것이다. 인간은 함께 살아가도록 태어난 존재이기 때문이다. 그런데 그런 삶이 자기 자신에 대한 포기를 요구한다면 얘기는 그리 간단하지 않다. 나와 세계가 대립하고 불화를 겪는다면, 그때 나는 어떤 삶을 선택할 것인가. 내가 세계에 맞추어야 하는가, 아니면 세계를 나에 맞도록 바꾸어야 하는가. 세계를 바꾸는 것이 불가능하다면 세계에 소속되지 않고 사는 것은 가능한 일인가.

1921년에 카프카가 쓴 미완성작 『성(城)』을 읽으면서 평소 가졌던 그런 질문들이 다시 떠올랐다. 이 소설은 성으로 들어가려고 마을에 온 토지 측량기사 K와, 자신의 모습을 드러내지 않는 성 사이의 대립을 그리고 있다. K는 성으로 들어가려 하지만, 성은 그가 들어오는 것을 끝내 허락하지 않는다. 기다리다 지친 K는 결국 패배하고 만다.

어둠과 안개에 가려진
성

———

K는 카프카 자신이기도 하다. 어디서 왔는지 알 수도 없고, 이름도 없으며, 성 아래 마을 사람들로부터 불편한 시선을 받는 K는 낯선 이방인이다. 그는 성으로 들어가지도 못하면서, 그렇다고 마을을 떠나지도 않은 채 시간을 보낸다.

카프카 자신이 어느 세계에도 속할 수 없는 이방인의 삶을 살았기에, 그의 작품에는 그런 이방인이 자주 등장한다. 『성』의 주인공인 토지 측량기사 K도 그러하다. 그가 어느 날 낯선 마을에 도착하면서 이야기는 시작된다.

K가 도착했을 땐 늦은 저녁이었다. 마을은 눈 속에 깊이 묻혀 있었다. 성이 있는 언덕은 안개와 어둠에 잠겨 있어 아무것도 볼 수 없었으며, 어렴풋이나마 큰 성이 있음을 알려주는 불빛도 없었다. K는 오랫동안 큰길에서 마을로 이어지는 나무다리 위에 서서 허공으로 보이는 데를 쳐다보았다.

이 첫 문장은 K가 성과 마을에 대해 아무것도 알지 못하는 이방인임을 알려준다. 그가 도착해서 하룻밤을 묵은 주막의 젊은이는 K를 깨우고는 말한다.

"이 마을은 성의 소유입니다. 따라서 여기서 살거나 숙박하는 자는 성에 살거나 숙박하는 것이 됩니다. 그건 백작의 허락이 있어야만 가능합니다. 그런데 당신은 허가를 받지 못했거나 어쨌든 허가증을 제시하지 않았소."

마을 사람들은 성의 지배와 통제를 받으며 살아가고 있다. K가 자신은 성의 백작이 불러서 온 측량기사라고 설명하자, 마을 사람들은 성에 전화를 걸어서 확인한다. 전화를 받은 성에서는 오락가락하다가 결국 성에서 K를 측량기사로 임명한 사실을 확인해준다. 그렇다고 K가 성에 들어갈 수 있게 된 것은 아니다. 성은 끝까지 K의 입장을 거절한다.

마을 위에 있는 성은 맑은 공기 속에서 윤곽이 선명하게 보였다. 멀리서 보기에 성은 K의 예상과 대체로 일치했다. 그건 오래된 기사의 성도, 새로 지은 호화 건축도 아닌, 수많은 저층 건물들이 다닥다닥 붙어 있는 광대한 건축물이었다. K는 성 쪽을 바라보며 걸어간다. 그런데 이상하게도 좀처럼 가까워지지 않는다. 성을 둘러싼 몽환적인 이야기는 계속된다. K는 다시 마부의 썰매를 타고 성으로 들어가려 했지만, 성은 어느새 어둠에 잠겨 다시 멀어졌다. 그렇게 성은 K가 가까이 가려고 거듭 시도하지만 끝내 다가갈 수 없는 곳이다.

K는 조수들과 함께 성으로 들어가려고 전화를 걸지만 안 된다는 답만 돌아온다. 대신 성의 심부름꾼 바르나바스가 편지를 가지고 찾아온다. 그 편지에는 사무국장 명의의 전달 사항이 적혀 있었다.

"당신이 알고 있는 대로 당신은 영주의 직무를 얻었습니다. 당신의 직속상관은 마을의 면장이며, 당신은 그분에게서 당신의 업무와 임금 조건에 대해 구체적인 사항을 전달받게 되고 그에게 보고할 의무를 지게 됩니다. 하지만 본인도 당신을 놓치지 않고 주시할 것입니다."

편지에는 업무, 윗사람, 일, 임금 조건, 보고, 노동자 같은 단어가 나열되어 있었다. 관리들이 일하는 방식은 늘 그랬다. 성의 관리들은 K의 기를 꺾으려 했고, K는 성에 들어가기 위해 그들과 입씨름을 해야 했다.

성의 관리들은 K에 대해 아는 바가 없다며 계속 그를 받아들이지 않는다. 마을 사람들 또한 K가 도대체 어떤 인물인지 의심의 눈초리로 바라본다. K는 초청받은 사실을 가까스로 확인받지만, 그것은 행정 착오일 뿐이며 측량은 필요하지 않다는 설명을 듣게 된다. 면장은 K에게 마을에 측량기사가 필요 없다고 말한다.

"그런데 안됐지만 우린 측량기사가 필요하지 않아요. 측량기사가 할 일이라곤 아무것도 없어요. 우리들의 소규모 농장 경계는 말뚝으로 표시되어 있고 모든 게 정식으로 등기되어 있으며 소유 변동은 거의 없고 사소한 다툼은 우리 스스로 조정합니다."

면장은 토지의 소유 변동은 거의 없다고 했다. 그런데 토지 측량을 한다는 것은 기존의 토지 소유를 재검토하겠다는 것으로, 혁명적인 행위가 되는 셈이다. 그렇다면 성은 K에게 토지 측량을 맡기지 않을 것이다. 따라서 마을에서 K가 할 일은 없다.

면장의 말을 들은 K는 자신을 초대한 일에 대해 따져 묻는다. 감독관청의 기능이 속이 메스꺼울 정도로 엉망이 아니냐고 K는 항의한다. 하지만 면장은 관청의 행정적 착오를 설명

하면서 "그건 소소한 일 중 하나"일 뿐이라며 K가 푸념할 일
이 아니라고 말한다. K의 경우는 극히 하찮은 사건에 불과하
다는 것이다. 면장은 오히려 K에게 경고한다. 갑자기 나타난
당신이 문제를 일으키는 것은 절대로 용납하지 않겠다고.

예속되지 않으려는 자의
싸움
—

두 사람의 대화는 논쟁으로 치닫는다. K는 법이 악용되고
있으며 그에 대항할 수 있다고 면장에게 말한다. K는 자신은
이미 측량기사로 채용되었다며 자신이 성의 권력자 클람으로
부터 받은 편지를 꺼내 보여준다. 하지만 면장은 그 편지는
공문서가 아닌 개인 편지이며, K가 측량기사로 채용되었다는
말은 한마디도 없으므로, 채용에 대한 입증 책임은 K에게 있
다고 주장한다.

K의 처지는 애매해졌다. "당신을 여기에 붙들어두는 사람
은 없지만 그게 내쫓겠다는 뜻은 아닙니다"라는 면장의 말을
듣고는 마을에 머무르며 자신의 권리를 찾기 위한 투쟁에 나
서기로 한다. K는 면장에게 말한다. "난 내 권리를 요구하는

것이지 성에서 나에게 선심을 베풀기를 바라는 게 아닙니다."

K는 어떻게든 성에 들어가려 한다. 이제 K에게 그것은 성을 상대로 하여 자아를 찾으려는 투쟁이다. 성은 분명 마을 위에 있지만 그곳으로 가는 길을 찾을 수가 없다. 성의 심부름꾼 바르나바스를 따라서 성으로 들어가려고 시도하지만 결국 제자리에 돌아와 있다. K는 낙담한다.

여관 여주인은 K에게 클람을 만날 수 없을 것이라고 말한다. "클람 씨가 성에서 나온 분이라는 그 자체만으로도 지체가 매우 높다는 뜻"이라며 "당신은 절대 클람을, 정말로 만날 순 없어요"라고 한다.

K는 마을 주점에서 클람을 기다린다. 하지만 살을 에는 추위에다 어스름이 컴컴한 어둠으로 바뀌었는데도 클람은 여전히 오지 않는다. 소설에서 클람은 모습을 드러내지 않는 비밀에 싸인 존재다. "클람이 내려오는 데 왜 이리도 오래 걸릴까?" K는 이제라도 클람이 오길 바란다. 그러나 그곳에 나타난 관리는 "기다리든 말든 당신은 그를 만날 수 없소"라고 무뚝뚝하게 말한다. K는 오기가 발동하여 "차라리 놓치는 한이 있어도 기다리겠소" 하고 대답한다. 관리는 K의 외고집에 머리를 설레설레 젓는 것처럼 보인다.

일을 마친 마부가 건물의 대문을 닫고 마구간을 잠그고는 전등도 다 꺼버린다. 카프카는 이 상황에서 K가 동시에 겪는 자유와 절망이라는 상반된 현실을 이렇게 표현하고 있다.

K에겐 마치 이제 모든 관계가 끊어지고 어느 때보다 더 자유롭고, 다른 때라면 그에게 허용되지 않는 이곳에서 내내 마음대로 기다려도 되며 이렇게 다른 사람이 얻기 어려운 자유를 획득한 것 같고, 그러니 아무도 그를 건드리거나 쫓아내선 안 되고 아마 말을 거는 것도 안 되는 것 같았지만, 아울러 이 자유, 이 기다림, 이 불가침성보다 무의미하고 절망적인 것은 없다는 듯이 느껴졌다.

모든 것이 안개 속에 있는 것처럼 비밀스럽다. 이름도 모르는 K는 어디서 온 누구인지, 성에서는 누가 왜 K를 초청했는지, K는 왜 굳이 성으로 들어가려 하는지, 모든 것이 마치 꿈속에서 벌어지는 일인 양 서술된다.

K는 어떻게 해서든 그 성에 들어가려 하지만, 성으로 가는 길을 찾지도 못하는 데다 성과 직접 관련된 사람을 만나지도 못한다. 분명 마을 위로 성의 모습이 보이는데, 닿을 수가 없다. 시간이 지날수록 K는 측량기사로 왔다는 본래의 목적을 잊어버리고 그저 성에 들어가야 한다는 생각에만 매달

린다.

성에 대해서 알지 못하는 것은 마을 사람들도 마찬가지다. 그런데도 마을 사람들은 성의 관리들을 섬기며 그들의 지시에 맹목적으로 복종한다. 관청 관리들은 업무에 정신이 팔려 주민들을 함부로 취급한다. 하지만 그런 관료체제에 익숙한 마을 사람들은 그것을 당연시하며 살아가고 있다.

K는 성에 들어가기 위해 마을 사람들의 도움을 받으려고 말을 걸지만 사람들은 K를 이상한 눈으로 보며 성으로 가는 것을 방해한다. 마을 사람들은 K까지도 성에 예속시키려 한다. 그에게 성과 마을에 소속될 것을 끊임없이 요구한다. K는 성과 마을에서 겉도는 인물이다.

이방인의 기다림과 절망
———

마침내 K는 성의 권력자 클람의 수석 비서인 에어랑어가 자신을 찾는다는 얘기를 듣는다. K는 새벽에 여관에서 에어랑어의 방을 찾다가 그의 비서인 뷔르겔의 방에 우연히 들어가게 된다. 뷔르겔은 그에게 자신이 민원인의 요청을 들어줄 수 있다고 말한다. 뷔르겔의 호의에도 불구하고 K는 피곤을 견디지 못하고 잠들어버린다. K에게 뷔르겔은 "어려운 문제를 상의하는 관리가 아니라 그의 잠을 방해하는" 존재일 뿐이다.

K가 잠들어버린 것은 그의 패배를 의미한다. 성에 들어가는 것이 자신의 권리라면 관리와 대화하는 기회를 살려 자신의 정당성을 주장했어야 한다. 하지만 그는 모든 것이 귀찮아졌다. 다만 꿈속에서 발가벗은 뷔르겔을 향해 돌진하는 자신의 모습을 보았을 뿐이다.

애당초 K가 마을에 온 것은 토지 측량이라는 목적을 위해서였다. 하지만 그 필요성이 부정된 상황에서 K는 성으로 들어가기 위한 싸움을 벌인다. 목적이 뒤바뀌어버렸다. K가 왜 그렇게까지 성으로 들어가려 했는지는 분명하지 않다. 성으로부터 초청받은 자신의 권리를 찾고 정당성을 주장하기 위한 것이었겠지만, 성으로 들어가는 데 매달림으로써 그는 오히려 자유를 잃게 된다. 성으로 들어가려던 시도는 실패한다. 그는 지쳐버렸다. 성과의 투쟁에서 패배한 것이다. K라는 개인은 성이라는 거대한 힘에 조금도 영향을 미치지 못했다.

물론 성은 개인의 권리나 자아, 그것을 위한 저항을 허용하지 않는다. 거대한 성을 상대로 한 개인의 시도들은 무력할 뿐이다. K의 실패가 더욱 비참한 것은 그 자신의 왜곡된 선택

때문이다. K는 성과의 투쟁에 나서지만 막상 그것을 감당하지 못한다. 성의 속성을 알지 못했고 성이 자신을 어떻게 대할 것인지를 짐작조차 하지 못한다. 그래서 K는 방향을 잡지 못한 채 우왕좌왕할 뿐이다. 그것은 성이라는 거대한 조직의 힘 이전에, K라는 개인의 실존적 한계였다. 그래서 K는 좌절한 인간이다. 카프카는 이방인 K라는 인물을 통해 거대한 성 앞에 있는 무력한 개인의 절망을 말하고 있다.

성 안으로 들어갈 것인가, 말 것인가

―

카프카에게 성이 무엇을 의미하는가에 대한 해석은 여러 가지다. 성은 어둠과 안개에 휩싸인 알 수 없는 존재다. 카프카는 성이 무엇인가에 대해 한마디도 설명하지 않는다. 그 성 안에 무엇이 있는지, 무슨 일이 벌어지고 있는지 끝내 알 수가 없다. 성은 권력일 수도 있고 관료주의일 수도 있고 전체주의일 수도 있으며, 혹은 종교일 수도 있다. 그 모든 것을 포괄하는 거대한 세계일 수도 있다. 성의 의미는 소설을 읽는 사람마다 다르게 와 닿을 수 있다.

다만 성은 마을 사람들을 통제하는 힘의 상징이다. 성이 어떤 물리적 위협을 가하는 것이 아님에도 마을 사람들은 맹목적인 복종을 하고 있다. 성 아래에는 클람과 그의 관리들을 무기력하게 추종하는 사람들이 살고 있다. 성의 힘은 막강하고 그 권위를 추종하는 사람들은 성을 거역하지 않는다.

나에게도 성이 있다. 내가 바라보고 있는 성은 세상이다. 성 안에는 가까운 사람들끼리 무리 지어 모여 있다. 그 성 안에 있는 사람들은 자기들의 땅이야말로 최고선이라고 굳게 믿는다. 성의 문지기들은 성을 지배하는 생각에 동의하는 사람들에게만 문을 열어준다. 그래서 문 앞에서 양자택일을 요구한다. 성에 들어와 그곳에 소속되어 하나가 될 것인지, 아니면 성에 들어올 것을 포기하든지. 그 사이에서 다른 선택지는 없다.

나는 성문 앞에서 갈등하게 된다. 어떤 성도 선(善)으로만 채워져 있지 않다. 세상의 모든 곳에서 선과 악은 복잡하게 얽혀 있다. 인간의 본성이라는 것이 그렇지 못할진대, 그래서 인간이 살아온 것이 그렇지 못한데, 어떻게 그 성만 지고지선의 땅이 될 수 있겠는가. 어느 성에도 저마다의 불편한 진실이 존재한다. 선한 이름 뒤에 숨어 있는 위선과 이기적 욕망,

내가 주인공이 되고 싶어하는 질투와 명예욕, 정의를 독점하려는 배타성, 권력을 차지하기 위한 싸움, 거칠고 무례한 정치, 그런 것들에 눈감고 성에 들어가고자 하는 것은 K의 맹목적인 행동과 다를 바 없다. 문지기가 나더러 자아를 포기할 것을 조건으로 제시한다면 나는 성으로 들어가는 것을 포기하고 발길을 돌릴 수밖에 없다.

하지만 성으로 들어갈 것을 포기하고 돌아서는 것은 고독한 길이다. 성과 타협하여 안으로 들어가지 않는다면 내 옆에 누가 남아 있을지조차 알 수 없다. 어느 세계에도 속하지 않은 삶의 외로움, 하지만 어느 세계에도 속하지 않은 삶의 당당한 자유, 그 사이에서 나는 언제나 번민한다.

두 길 사이에서 갈등은 계속된다. 자아를 포기할 수 없다는 의지를 드러내면서도 나는 끊임없이 성을 기웃거린다. 내가 설혹 성 안으로 들어간들 아무것도 바꿀 수 없다면, 나는 그 안으로 들어가기를 진즉에 단념하고 성을 등진 채 반대의 길로 떠났어야 했다. 세상에 대한 미련과 집착을 끊고, "세상이란 원래 그런 거야" 하며 나의 삶을 사는 것이 갈 길이었다. 그런데도 성에 대한 관심을 버리지 못하고 자꾸만 바라보는 것은 미련이다.

미련을 갖는 것은 그 안에 수많은 사람들이 있기 때문이다. 외로움에 대한 불안이다. 그래서 나는 아직 진정한 자유를 얻지 못한 채 제자리를 맴돌고 있는지 모른다. 들어가고 싶지도 않지만 아주 떠나지도 못하는.

카프카는 K에게 절망했다. 내가 세상의 성을 상대로 대결한다면 역시 승산은 절망적이다. K가 그랬듯이 패하고 말 것이다. 나는 거대한 성과의 싸움에서 이길 도리가 없음을 잘 안다. 대신 내가 이길 수 있는 것은 자신과의 싸움에서다. 그러니 성으로 들어갈 수 없다면 K처럼 무작정 기다릴 것이 아니라 차라리 다른 길로 가는 것이 낫다. 자기만의 진실을 지키는, 조금은 외로운 길로.

04

애도를 통해
다시 태어나는 나

– 롤랑 바르트, 『애도일기』

"누구나 자기만이 알고 있는 아픔의 리듬이 있다."

이별 중에서도 가장 아픈 이별은 가족 간의 사별(死別)일 것이다. 부모와 자식 간의, 혹은 형제간의 다시는 만날 수 없는 이별 앞에서 우리는 슬퍼한다. 그 슬픔의 깊이에는 살아온 흔적이 담겨 있다. 그래서 가족을 떠나보내는 슬픔에는 가족의 역사만큼의 깊이가 자리하고 있다.

『애도일기』는 롤랑 바르트가 어머니 앙리에트 벵제의 죽음을 애도하며 쓴 일기를 모은 책이다. 이 일기는 그의 어머니가 돌아가신 다음 날인 1977년 10월 26일부터 시작하여 1979년 9월 15일까지 이어진다. 노트를 네 등분해서 만든 쪽지 위에 주로 잉크로, 때로는 연필로 일기를 써나갔다. 그의 책상 위에는 이 쪽지를 담은 케이스가 항상 놓여 있었다. 현대 저작물 기록보관소에 간직되어 있던 원고는 분리된 쪽지 그대로의 모습으로, 삭제된 부분 없이 다시 편집되어 2009년에 출간되었다.

"이 슬픔은
사라지지 않는다"

———

이 책에는 자신을 지극히 사랑했던 어머니와 이별한 후 바르트가 겪은 끝없이 깊은 슬픔과 괴로움, 그리고 그 과정을 통과하여 새로운 삶의 주체로 재탄생하는 모습이 담겨 있다. 상실의 슬픔을 집요하게 추적하고 파헤치는 그의 일기는 아프면서도 아름답다. 작가의 내면적 자아는 사랑의 상실로 무너져내리는 시간을 겪는다. 하지만 바르트는 그 혹독한 과정을 거치면서 새로운 자아를 찾게 된다. 바르트의 일기는 남들이 이해하기 어려운 짧은 메모로 되어 있는 경우도 많지만, 한두 마디의 절규 속에서도 그의 깊고 깊은 내면이 잘 드러나 있다.

바르트의 어머니 벵제는 1893년에 태어났다. 그녀는 스무 살에 루이 바르트와 결혼했고, 스물두 살에 어머니가 되었으며, 스물세 살에 미망인이 되었다. 해군 장교였던 남편 루이 바르트가 전사했기 때문이다. 이때 롤랑 바르트는 한 살이었다. 그때부터 바르트는 평생을 어머니와 함께 살았고, 어머니로부터 받은 내밀한 영향은 바르트의 정신세계에도 지대한 영향을 미쳤다. 1976년 62세의 바르트는 콜레주 드 프랑스의 교수로 취임할 때 어머니를 맨 앞자리에 모시고 취임 강연을 했다. 그만큼 그에게 어머니는 각별한 존재였다.

바르트는 세상을 떠난 어머니에 대해 항상 선한 기억을 간직하고 있었다. 어렸을 적 동네 아이들로부터 놀림을 받고 있으면 어머니가 뛰어와서 그를 구해주었다. 어머니는 언제나 바르트를 지켜주던 선한 존재였다. 그런 어머니를 잃었을 때 그의 슬픔은 주체할 수 없이 컸다.

그 슬픔과 애도는 시한부가 아니었다. 그것은 '변하지 않는 슬픔', '특발적(特發的)인 슬픔'이었다. 그렇게 특별하게 생겨난 것이기에 바르트는 "이 슬픔은 사라지지 않는다"라고 단언한다. 바르트는 어느 누구도 자신의 슬픔을 가늠하기 어려울 것이라고 생각했다.

> 내 주변 사람들은 아마도 곰곰이 생각하는 것 같다(어쩐지 그런 것 같다). 내 슬픔이 얼마나 깊은 것인지를. 하지만 한 사람이 직접 겪은 슬픔의 타격이 얼마나 큰 것인지를 측정한다는 건 불가능한 일이다(이 우습고도 말도 안 되는 시도). (1977년 10월 27일)

바르트는 이미 자신이 느끼는 슬픔의 깊이가 타인과 다르다는 것을 짐작하고 있다. 다른 사람들은 결코 이해할 수 없을 터였다. 하지만 바르트도 기분이 좋은 상태에서는 이야기를 하고 농담도 한다. 그러다가 갑자기 격렬한 감정 상태에 빠진다. 무너지지 않고 침착함을 유지하려고 노력하다가도, 어머니가 돌아가셨는데 멀쩡하게 얘기하고 농담도 하는 자신을 받아들이지 못하는 것이다.

하지만 다른 한편 이렇게도 말할 수 있을 것이다: 나는 지금 밑바닥까지 절망에 빠져서 침착함을 잃지 않으려고, 나를 둘러싸고 있는 모든 것을 울적하게 만들지 않으려고, 무진 애를 쓰고 있다고. 하지만 나는 자주 더는 그렇게 견딜 수가 없어서 그만 '허물어지고' 만다. (1977년 11월 1일)

어머니, 그 무엇도 대체할 수 없는 사랑

이렇게 바르트는 더 이상 견딜 수 없어 허물어짐을 고백한다. 그만큼 주체하기 어려운 깊은 슬픔이라는 얘기다. 그것은 어떤 슬픔이기에 그리 깊고도 아픈 것일까. 바르트에게 어머니의 상실은 사랑의 관계가 끊어졌음에 대한 슬픔이다.

내 슬픔은 삶을 새로 꾸미지 못해 생기는 게 아니다. 내 슬픔은 사랑의 끈이 끊어졌기 때문이다. (1977년 11월 6일)

프로이트의 경우 애도는 결국 대체할 수 있는 다른 사랑의 대상을 찾아간다. 그에게 사랑은 '대체할 수 있는 존재'다. 그러나 바르트에게 어머니의 상실은 무엇으로도 대체할 수 없는 '파인 고랑'이다.

이 순수한 슬픔, 외롭다거나 삶을 새롭게 꾸미겠다거나 하는 따위와는 상관이 없는 슬픔. 사랑의 관계가 끊어져 벌어지고 파인 고랑. (1977년 11월 9일)

대체할 수 없는 사랑을 상실하고 고랑이 패었지만 그것을 채울 수 있는 것은 아무것도 없다. 그 빈 공간은 무엇으로도 채워질 수 없다. 바르트에게 사랑의 대상은 '대체할 수 없는 존재'다. 바르트에게 어머니는 그런 존재였다.

바르트는 슬픔을 애써 정리하려 하지 않는다. 프로이트는 애도와 우울증(melancholy)을 대비시켰다. 애도는 주체가 상처를 껴안고 자기애를 되찾아 또 다른 사랑의 대상으로 이동하는 치유의 과정이다. 반면에 상실의 상처에서 벗어나지 못한 채 자기애의 파괴를 가져오는 우울증은 병리적이며 다른 사랑으로 이동하지 못한다.

바르트의 슬픔은 프로이트가 말한 애도와 우울증 그 어디에도 속하지 않는다. 바르트에게 어머니라는 사랑의 대상을 다른 사랑으로 대체하는 것은 불가능하다. '상실로 인한 부재의 공간'은 그냥 '파인 고랑'으로 남는다. 어머니가 아니면 그 공간은 다른 누구로도 채워질 수 없다. 그래서 그의 슬픔은 한없이 깊다.

바르트의 슬픔은 애도를 거쳐서 곧 일상생활로 돌아가는 것이 예정되어 있지 않다. 그것은 어머니의 부재(不在)로 인한 '해결할 수 없는 슬픔'이다.

그의 슬픔은 어머니를 잃고도 잘 살아가는 자신의 모습에 물음을 던질 정도로 순결하다.

우리가 그토록 사랑했던 사람을 잃고 그 사람 없이도 잘 살아간다면, 그건 우리가 그 사람을, 자기가 믿었던 것과 달리, 그렇게 많이 사랑하지 않았다는 걸까? (1977년 11월 28일)

한편으로는 별 어려움 없이 사람들과 대화를 하고, 이런저런 일에 관여를 하고, 그런 내 모습을 관찰하면서 예전처럼 살아가는 나. 다른 한편으로는 갑자기 아프게 찌르고 들어오는 슬픔. 이 둘 사이의 고통스러운 (이해할 수 없는 수수께끼 같아서 더 고통스러운) 파열 속에 나는 늘 머물고 있다. (1977년 11월 21일)

그래서 어머니가 죽었는데도 멀쩡히 살아가고 있는 자신의 모습이 눈에 들어온다.

나는 어머니와 하나가 아니었다. 나는 어머니와 함께 (동시에) 죽지 못했다. (1979년 5월 1일)

슬퍼할 권리를
빼앗는 사회
——

하지만 사회는 마냥 슬퍼하도록 놔두지 않는다. 그만큼 슬퍼했으면 되었다며 이제 슬픔을 끝내고 일상으로 돌아오라고 재촉한다. 충분히 슬퍼할 시간을 주지 않고 이런저런 주문을 하기 시작한다. 바르트는 그런 세상에 항변한다.

모든 일은 아주 빨리 다시 시작되었다: 원고, 이런저런 문의,

또 이런저런 사람들이 하는 이야기, 그리고 사람들은 저마다 자기가 원하는 것을 (사랑을 또 인정받기를) 가차 없이 얻어내려고 한다: 어머니가 죽자마자 세상은 나를 마비시킨다. 산 사람은 살아야 하는 거야, 라는 말로. (1978년 6월 15일)

"산 사람은 살아야 하는 거야"라는 이 말. 우리가 흔히 듣기도 하고 건네기도 하는 말이다. 그런데 바르트는 이 주문을 자신을 마비시키는 것으로 받아들인다. 그래서 이렇게 요구한다. 애도의 슬픔을 애써 억누르려 하지 말라고.

애도의 슬픔을 (비참한 마음을) 억지로 누르려 하지 말 것(가장 어리석은 건 시간이 지나면 그것들이 없어질 거라는 생각이다), 그것들을 바꾸고 변형시킬 것, 즉 그것들을 정지 상태(정체, 막힘, 똑같은 것의 반복적 회귀)에서 유동적인 상태로 유도해서 옮겨갈 것. (1978년 6월 13일)

바르트에게 슬픔을 억압하는 사회는 슬퍼할 권리를 빼앗는 나쁜 사회다. 나는 슬픈데 사회는 즐거워하라고 강요한다면 나는 그것을 받아들일 수 없다.

그런데 이 사회에는 이미 슬픔에 대한 코드가 있다. 슬픔은 규격화되고 그것을 표현하는 적절한 방식이 정해져 있다. 나만의 고유한 슬픔은 존재할 수 없다. 나는 슬퍼하는 것을 적당히 멈춰야 한다.

자기만의 고유한 슬픔을 지시할 수 있는 기호는 없다. 이 슬픔은 절대적 내면성이 완결된 것이다. 그러나 모든 현명한 사회는 슬픔이 어떻게 밖으로 드러나야 하는지를 미리 정해서 코드화했다. 우리의 사회가 안고 있는 패악은 그 사회가 슬픔을 인정하지 않는다는 것이다. (1978년 6월 24일)

바르트의 슬픔은 그만의 고유한 것으로 남들과 같지 않다. 그래서 사회가 정해준 방식이 아닌 자신의 방식으로 슬픔을 표현하고 있다.

누구나 자기만이 알고 있는 아픔의 리듬이 있다. (1978년 7월 18일)

비타 노바,
애도를 통해 새로 태어나다

———

바르트는 어머니의 죽음 이후 겪는 괴로움을 토로한다.

사소한 낙담, 자기를 비방하고, 공격하고, 다그치고, 들볶아대기, 다 망쳐버린 느낌, 생체리듬의 침체 주기, 녹초 상태, 노예선을 타고 있는 것 같은 생활 (……) 이 모든 것이 마망(어머니)의 죽음 때문이라는 생각을 멈출 수가 없다. (1978년 12월 23일)

그래서 "자기비하의 시기(전형적인 애도의 메커니즘). 어떻게 마음의 평정을 다시 찾을 수 있을까?"라고 자문한다. 끝없는 슬픔에서 빠져나올 생각이 없던 바르트였지만, 새로운 삶에 대한 소망이 생겨나기 시작한다.

하지만 지금 내게 달라질 게 뭐가 있을까? 분명한 건, 이제 나는 혼자서 세상을 배워가야 한다는 것이다. 너무나 힘들 통과제의. 자궁 밖으로 나가기 위해 치러야 하는 고난들. (1978년 12월 23일)

이제는 어머니 없이 혼자서 세상을 배우고 어머니의 자궁 밖 세상으로 나갈 생각을 한다. 그래서 바르트의 깊고 깊은 슬픔은 그 자체로 끝나지 않았다. 그는 슬픔 속에서 새로운 주체로 태어난다. 그것이 비타 노바(Vita nova)다. 비타 노바는 사랑하는 사람에 대한 애도가 불러일으키는 완전히 새로운 삶을 가리킨다.

> *비타 노바(Vita nova)*는 래디컬한 몸짓이다(어떤 단절을 수행하기
> — 지금까지 살아왔던 길을 끝내기, 그 필연성).

> 내게 가능한 길은 둘이다. 그러나 서로 반대되는 두 길:
> 1. 자유로워지기, 단단해지기, 진실을 따라 살기.
>   (과거의 나를 뒤집기)
> 2. 순응하기, 편안함을 사랑하기.
>   (과거의 나를 더 강화하기) (1977년 11월 30일)

바르트는 비타 노바를 통해 새로운 주체로 태어나면서 첫 번째 길을 택했다. 과거의 자신을 뒤집고 자유로워지고 단단해지고 진실을 따라 사는 새로운 삶으로. 『애도일기』를 쓰던 첫날 밤에 바르트는 이미 그 생각을 하고 있었다.

애도가 하나의 작업이라면, 애도 작업을 하는 사람은 더 이상 속없는 사람이 아니다. 그는 도덕적 존재, 아주 귀중한 주체다. 시스템에 통합된 그런 존재가 더는 아니다. (1977년 10월 27일)

휴일의 조용함 속에서 음악을 듣고 책을 읽으면서 바르트는 지극한 적막 속에 앉아 있는 듯한 느낌을 받는다.

갑자기 사토리(satori: 잠재적 지식이 깨어나는 상기의 순간, 깨달음의 순간)의 순간과 만난 것 같은 느낌, 온화하고 행복한 마음. 마치 이제는 내 슬픔이 가라앉은 것처럼, 한 단계 높은 곳으로 승화된 것처럼, 화해를 만난 것처럼, 사라지지 않고 더 깊어진 것처럼 ─ 그러니까 이제 '나를 다시 찾은 것'처럼. (1978년 8월 12일)

비타 노바를 통해 바르트가 얻은 새로운 삶이 무엇인지는 구체적으로 말하지 않는다. 그것은 저작 활동에 대한 몰입일 수도 있고, 삶에 대한 새로운 각성일 수도 있다. 그는 자신이 새롭게 탄생했다는 것이 무엇인지 구체적으로 이야기하지는 않는다. 다만 자신을 다시 찾았다는 말 속에서, 상실의 슬픔을 거쳐 어머니에 대한 사랑을 다시 부활시키는 위치로 돌아왔음을 짐작할 수 있다. 실제로 바르트는 사진 속의 어머니와 재회하게 된다.

바르트는『애도일기』를 쓰던 도중에 어머니의 모습을 찾기 위해 사진을 뒤지며『밝은 방』을 쓴다. 어머니를 잊지 않고 만나기 위해서 사진을 뒤져보던 바르트는 거기서 어머니와 재회한다.

어머니가 돌아가신 지 얼마 되지 않은 11월의 어느 저녁, 바르트는 사진을 정리했다. 그는 어머니를 '되찾을 수 있으리라' 희망하지 않았고, '한 존재의 이 사진들'에서 아무것도 기대하지 않았다. 그런데 젊은 날의 어머니가 랑드 지방의 해변을 걷고 있는 사진 속에서 바르트는 어머니를 만난다.

나는 그 속에서 — 너무 멀리 보이는 어머니 얼굴은 볼 수가 없었지만 — 어머니의 거동과 건강, 밝은 표정과 "다시 만났다."

바르트는 어머니가 숨을 거둔 그 아파트에서 홀로, 어머니의 사진 한 장 한 장을 램프 불빛 아래서 바라보면서 어머니와 함께 시간을 거슬러 올라갔으며, 자신이 사랑했던 얼굴의 진실을 찾으려 했다. 그리하여 바르트는 그 진실을 발견했다.

매우 오래된 '겨울 정원의 사진'에 있는 어머니는 다섯 살이었고, 어머니의 오빠는 일곱 살이었다. 바르트는 소녀를 관찰했고, 마침내 자신의 어머니를 되찾았다.

소녀의 투명한 얼굴, 천진한 포즈의 두 손, 자신을 드러내지도 감추지도 않은 채 온순하게 자리한 위치, 선을 악과 구분시켜주듯이, 히스테릭한 소녀나 교태부리며 어른 흉내를 내는 경박한 아이와 그녀를 구분시켜주는 그 표정, 이 모든 것은 지극한 순진무구함의 모습을 이루고 있었다.

바르트는 그렇게 죽었던 어머니를 만났다. 이는 죽은 어머니의 귀환이다. 물론 어머니와의 실제 만남은 아니다. 그가 만난 것은 어머니의 선하고 순진무구한 본질이다. '순진무구함'이란 '남을 해칠 줄 모른다'는 의미다.

그녀는 사랑하는 사람을 한 번도 아프게 한 적이 없었다: 이것이 그녀가 어떤 사람인지, 그녀의 '순진무구함'이 무엇인지를 말해주는 정의다. (1978년 7월 24일)

어머니의 순진무구함을 말하는 바르트에게서 우리는 그가 가진 사랑의 순진무구함을 동시에 읽게 된다. 우리도 사랑하는 가족을 떠나보내는 상실의 슬픔을 겪지만, 바르트만큼 순수한 사랑을 간직하고 있을까. 나의 어머니를 바르트의 어머니만큼 선한 모습으로 기억하고 있을까. 바르트의 애도는 가족에 대한 순결한 사랑이 무엇인가를 우리에게 전해준다.

어머니가 세상을 떠났을 때 바르트의 나이가 63세. 어머니가 돌아가셨다고 마음이 무너지고 어머니를 그리워하는 그의 모습은 영락없는 '늙은 아이'다. 하지만 그는 아버지의 부재 속에서 어머니와 살면서 사랑의 주체가 되었고, 다시 애도의 주체가 되었다. 그리고 깊은 슬픔 속에서 마침내 새로운 주체로 탄생했다.

어머니가 떠났을 때 바르트는 생의 마감인가 아니면 새로운 생의 시작인가의 기로에 서 있었다. 생이 끝난 것처럼 무너지던 바르트는 애도의 글쓰기를 거치면서 새로운 생을 시작하게 된다.

애도받지 못한 죽음,
세월호

———

우리는 『애도일기』를 통해 깊고 슬펐던 애도의 기록을 접할 수 있다. 애도의 과정은 사실 죽은 사람보다 산 사람을 위한 것이다. 죽은 사람은 보고 듣고 생각할 수 없기에, 산 자들의 애도를 알 수 없다. 하지만 살아 있는 사람들은 죽은 사람을 충분히 애도함으로써 슬픔을 치유하고 일상으로 돌아갈 수 있다. 그러나 제대로 애도하지 못한 사람은 스스로 치유할 기회를 갖지 못하고 계속 죽음에 갇혀 있게 된다. 그래서 산 자가 애도하지 못하고, 죽은 자가 애도받지 못한 죽음은 비극적이다.

세월호의 죽음이 있었다. 세월호 참사로 수많은 학생들과 시민들이 죽었음에도 불구하고 정상적인 애도의 부재로 유가족들과 국민들은 크나큰 고통을 겪어야 했다. 2014년 4월 16일에 국가는 존재하지 않았다. 그 참사가 벌어지던 순간에 국가는 작동하지 않았고, 온 국민이 TV로 지켜보는 가운데 세월호는 그대로 바다 속으로 가라앉고 말았다. 어떻게 이런 일이 일어날 수 있는가. 국민 모두가 죄를 지은 것 같은 집단 트라우마에 갇혀야 했다.

무엇보다 절망스러웠던 것은, 그 어린 생명들이 죽어가도록 방치하고도 국가의 애도가 없었다는 사실이다. 세월호 참사로 아들을 잃은 어머니는 이렇게 호소했다.

"1인 시위를 한다고 청와대에 갔는데 눈물밖에 안 나요. '대통령은 안에서 뭘 하고 있을까. 자식 잃은 부모가 이렇게 밖에서 하염없이 울고 서 있다는 걸 알고는 있을까. 담벼락이 너무 높아서 모를 수도 있겠다' 그런 생각 하면서." (416 세월호 참사 시민기록위원회 작가기록단, 『금요일엔 돌아오렴』)

국가의 최고책임자인 대통령이 무릎이라도 꿇고 사죄하고 진상 규명을 약속하며 희생자 수습에 모든 노력을 기울였어야 했지만, 국가는 이를 철저히 외면했다. 대통령은 더 이상 유가족들을 만나주지 않았고, 진상 규명 노력은 온갖 정치적 방해에 직면했다. 유가족들을 향해 "이제 그만하라"는 목소리가 등장하며 압박했다. 대신 돈을 주면 되지 않느냐고 했다. 그 어머니는 이렇게 억울함을 토로했다.

"그날, 4월 16일 그날, 진짜 최소한의 노력만 보여줬어도 우리가 이렇게까지 안 해요. 그런데 한 명도 안 구했잖아요. 그때 그 사람들 행동은 급한 게 하나도 없었어요. 의문투성이예요. 이제는 인양도 제대로 안 해줄 것 같아요. 그럼 다 우리 몫이에요. 인양해달라고 하면 통째로는 힘드니 반으로 쪼개서 인양하든가 바다 밑에 묻겠다고 하겠죠. 그럼 애들도 못 건지고 증거도 다 사라지고 돈만 없애는 거예요. 그럼 국민들이 또 뭐라고 하겠어요. '그만큼 건져줬음 됐지, 또 돈 들이게 하네', 그런 식으로 우리만 자꾸 몰아가요. 부모들이 어느 정도 마무리를 짓고 사회활동을 하게 해줘야 하는데, 이 정부는 부모들까지 몰아붙여서 아무것도 못하게 만들어요. 그래놓고 '유족들이 보상금을 몇 억을 받았다더라' 그런 식으로 말해요. 부모들을 너무 바보 취급해요. 너무 억울하고 답답해요." (앞의 책)

'애도의 정치'를 통한 사회적 치유가 절실히 필요한 상황에서 국가의 외면과 은폐로 희생자 가족들의 고통은 더욱 심해져만 갔다. 진실이 규명됨으로써 책임이 가려지고 다시는 그 같은 참사가 없을 것이라는 희망이 생겨날 때, 가족들은 비로소 치유받고 삶의 의지를 가질 수 있었다. 그나마 희생자 가족들이 용기를 잃지 않을 수 있었던 데는 오랜 기간 동안 세월호 광장을 중심으로 이루어진 사회적 연대가 큰 힘이 되었을 것이다. 세월호 희생자 가족들이 오랜 기간 겪어야 했던 엄청난 고통은 국가의 애도가 부재한 결과였다.

충분히 슬퍼해야
자유로워지건만

———

애도의 부재는 세월호 같은 사회적 사건 말고도 우리의 일상에서도 겪는 일이다. 애증의 가족사 속에서 핏줄의 죽음조차 슬프지 않은 경우가 종종 있다. 가족을 보내면서도 슬퍼하지 않는 정서는 그 자체로 또 하나의 슬픔이 된다.

나에게도 형제의 죽음을 슬퍼하지 못한 사연이 있다. 열 살 많은 형이 있었다. 나이 차이도 많이 나고 성격도 전혀 달라서 형제의 정 같은 것을 별로 느끼지 못하고 컸다. 그 형은 이런저런 사고를 많이 쳤고, 나이를 먹어서는 집 재산을 많이 축냈다. 급기야 내가 30대 초반일 때 집안을 고스란히 들어먹었다. 부모님과 아직 미혼이었던 나는 하루아침에 거리로 나앉을 처지가 되어버렸다.

그때부터 서로 소식을 끊고 살았다. 살아오면서 반복되었던 일은 인간에 대한 연민이나 미련이 들어설 자리를 허락하지 않았다. 소식이 끊겼던 그 형은 여러 해가 지난 어느 날 주검이 되어 돌아왔다. 자신의 삶을 더 버티지 못하고 스스로 목숨을 끊은 것이었다. 경찰의 갑작스러운 전화를 받고 달려간 나는 시신을 직접 확인했다. 그가 남기고 간 수첩에는 수

많은 대출금 액수와 이자 납부 일자가 촘촘히 적혀 있었다. 형은 더는 도망갈 곳이 없는, 삶의 막다른 골목에 있었다. 형의 시신을 화장터로 옮겼고 한 줌의 재가 되어버린 그를 그곳에 그대로 뿌렸다. 연로한 부모님에게 형의 죽음을 알린 것은 그로부터 여러 달 지나서였다.

그때 나는 조금도 슬퍼하지 않았다. 겹겹이 쌓여 있던 분노의 마음이 거두어지지 않았기에 눈물조차 흘리지 않고 냉정하게 형제를 보냈다. 더 이상 비참해지지 말고 그렇게 간 것이 최선이라고 생각했다.

그 후 부모님을 1년 간격으로 보내드렸을 때도 애도의 감정을 갖지 못한 채 여전히 터널 안에 갇혀 있었다. 모든 것을 잃고 무기력하게 살아가는 부모님을 부양하기 20여 년, 나중에 두 분은 동시에 병상에 누웠고, 아버지가 먼저 돌아가셨다. 큰 슬픔보다는 무거운 짐을 내려놓은 것 같은 생각이 들었던 것이 솔직한 심정이었다. 마찬가지로 화장터에 아버지의 재를 뿌렸다. 20여 년의 시간으로 충분할 것 같아, 다시 찾아오지 않게 될 것 같아서였다. 그저 벗어나고 싶었다.

그리고 그다음 해에 어머니가 오랜 병상생활 끝에 돌아가셨다. 그제야 정신이 돌아왔다. 어머니는 화장을 한 뒤 납골당에 모셨다. 그리고 두 분을 같이 모시지 못한 것을 아쉬워

했다. 아버지는 어디로 가셨을지.

바르트는 어머니의 죽음에 대한 끝없는 슬픔을 거쳐 새로운 주체로 재탄생했다. 그의 글쓰기는 그런 재탄생의 의미를 갖는 행위였다. 박완서가 아들의 죽음을 애도하는 참척의 일기 『한 말씀만 하소서』를 썼던 것도 그런 의미였을 것이다. 박완서는 『부처님 근처』에서 남편과 아들의 죽음 앞에서 자신이 작품을 통해 털어놓았던 고통의 이야기에 대해 이렇게 말한다.

나는 그들로부터 자유로워지고 싶었다. 삼킨 죽음을 토해내고 싶었다. 그 무렵 나는 낯선 길모퉁이 초상집에서 들리는 곡성에도 황홀해져 그곳을 떠나지 못하고 오래 서성대기가 일쑤였다. 저들은 목이 쉬도록 곡을 함으로써, 엄살을 떪으로써 그들이 겪은 죽음으로부터 놓여나리라. 나에겐 곡성이 마치 자유의 노래였다.

그렇게 곡을 해야 자유를 찾는 법. 곡을 하지 않고 슬퍼하지도 않고 보낸 죽음은 우리에게 자유를 주지 않고 오히려 우리를 가두어버린다. 내가 그 터널을 빠져나오기까지는 시간이 필요했다. 그러고 나서야 부모님에 대한 애도가 가능했다. 그 애도는 이제 슬픈 애도가 아니라 담담하고 소소한 애도다.

이제야 생각한다. 납골당에 두 분을 함께 모셨으면 좋았을 텐데. 가끔은 기다림의 시간이 필요한 애도가 있는 모양이다. 세상에 태어나서 허망하게 가버린 형에 대해서도 넉넉한 마음으로 애도할 날이 올까. 하긴, 다 지나간 얘기다.

가끔 조문을 갔을 때 부모나 형제의 죽음을 그렇게도 슬퍼하는 모습을 보면 어처구니없게도 부럽다는 생각이 들 때가 있다. 나는 그렇게 슬퍼할 수 없었기에.

05

우리는 왜
영웅과 강자를 원하는가

– 루쉰, 「고사리를 캔 이야기」

"가장 좋은 건 말을 안 하는 거야.
난 이제 그런 얘기 들을 힘도 없다."

내 힘으로 살아간다는 말이 단지 경제적인 자립만을 의미하지는 않는다. 그에 앞서는 것이 정신적인 자립이다. 누구에게 의존하지 않고 스스로의 힘으로 삶을 이끌어가는 것이 진정한 자립이라고 할 수 있다.

그런데 이게 참 어렵다. 우리 인간은 약해지면 기댈 곳을 찾게 된다. 가족, 친구, 어른, 다른 사람들에게 위로받고 싶어 하고 도움을 얻고자 한다. 혼자 살아가는 것이 미덕이 아닌 이상, 그것은 어쩌면 자연스러운 현상일 수 있다. 하지만 그것으로 끝나지 않는다. 사람은 자신이 의존할 항상적인 버팀목을 필요로 한다. 그래서 영웅이 탄생한다.

백이와 숙제,
지조의 아이콘이 아닌 무기력한 노인?

———

백이(伯夷)와 숙제(叔齊)는 천도(天道)를 거스른 주나라의 곡
식을 먹지 않겠다며 수양산에 들어가 고사리를 캐 먹고 살다
굶어 죽었다는 전설적인 현인들이다. 두 사람은 은나라 고죽
국(孤竹國)의 왕자였는데, 아버지가 죽자 서로 왕위에 오르기
를 사양했다. 그때 주나라 문왕(文王)이 노인을 따뜻하게 모신
다는 말을 듣고 그에게 귀속하려고 했다. 그러나 그곳에 가
보니 문왕은 죽고 그의 아들 무왕(武王)이 은나라의 폭군 주
왕(紂王)을 치려 하고 있었다. 그러자 백이·숙제는 무왕의 말
고삐를 붙들고 이의 부당함을 간했으나 무왕은 듣지 않았다.
마침내 무왕이 주왕을 죽이고 주왕조를 세우자 백이와 숙제
는 수양산에 들어가 고사리로 연명하다가 결국 굶어 죽었던
것이다.

이 이야기는 사마천의 『사기』 「백이열전(伯夷列傳)」에 나온
다. 백이와 숙제는 부끄럽게 사느니 굶어 죽기를 택한 지조와
절개의 인물로 수천 년 역사에 전해져 내려왔다.

그런데 루쉰은 『고사신편(故事新編)』에 실린 「고사리를 캔
이야기」에서 두 사람을 대단히 우스꽝스럽게 묘사했다. 백이

와 숙제는 양로원에서 지내고 있었다. 둘은 시국이 별로 좋지 않은 것 같다는 얘기를 나누다가 양로원에서 나오는 구운 전병이 매일매일 작아지는 것을 걱정한다. 형 백이는 동생 숙제에게 이렇게 충고한다.

> "우리는 식객의 몸이다. 서백(西伯)이 늙은이를 봉양하라 했기에 우리가 여기서 할 일 없이도 지낼 수 있는 거지. 그러니 전병이 작아진다고 해서 불평해서는 안 될뿐더러 무슨 일이 벌어진다 해도 아무 말 해서는 안 된다."

양로원에서 밥을 얻어먹는 신세이니 주는 대로 먹고 아무 불평 없이 지내자는 자조 섞인 얘기로 들린다. 이에 숙제가 "이제 우리는 여생이나 신경 쓰는 늙은이가 되어버렸군요"라고 하자, 백이는 "가장 좋은 건 말을 안 하는 거야. 난 이제 그런 얘기 들을 힘도 없어"라고 대답한다. 백이는 기침을 하기 시작했고, 숙제도 더 이상 입을 열지 않았다.

지조의 상징이었던 두 사람이 양로원에서 전병을 받아먹으며 여생이나 신경 쓰는 힘없는 노인들로 등장하는 것이다. 루쉰은 백이와 숙제의 영웅적인 전설을 그렇게 해체하기 시작한다.

고사리를 애타게
찾아다닌 사연

———

백이와 숙제는 주나라 무왕이 은나라 주왕을 토벌했다는 소식을 전해 듣는다. 둘은 이제 더 이상 양로원 밥을 먹을 수 없다고 판단하고 그곳을 떠나기로 결심한다. 더는 주나라의 전병을 먹지도 않고 주나라 물건도 일체 쓰지 않기로 한다. 두 형제는 화산(華山)으로 가서 야생 열매와 나뭇잎을 먹으며 남은 생을 보낼 생각이었다. 그런데 화산으로 가던 중 무왕이 더는 군사를 일으킬 필요가 없어 말들을 화산 기슭에 풀어주었다는 이야기를 듣고는 발길을 돌려 수양산으로 가게 된다. 말들이 돌아다니는 화산에 가봐야 먹을 게 없을 것이라고 판단했기 때문이다. 그들은 애당초 굶어 죽을 생각이 없었기에 고사리가 많이 나는 곳을 악착같이 찾아간 것이다.

두 사람은 일찍이 '주나라 곡식은 먹지 않으리라' 마음먹었기 때문에 수양산으로 들어간 후에는 그것을 실행에 옮겨야 했다. 그래서 그날 밤 남은 것을 다 먹고 다음 날부터 실천하기로 했다. 마치 내일부터 단식농성 들어가겠다는 사람이 오늘 마지막으로 실컷 먹어대는 모습이다. 말들을 풀어놓은 화산으로 가면 먹을 게 없을 것 같아 급히 수양산으로 발길을 돌리고, 내일부터 곡식을 먹지 않으려고 오늘 밤 배불리 먹는 백이·숙제의 모습에서 지조와 절개의 엄숙함은 찾아보기 어렵다.

두 사람은 먹을 것을 캐러 산을 돌아다녔지만 야생 열매 한 알도 눈에 띄지 않았다. 산 아래 사는 촌부, 아낙네, 아이들이 벌써 다 따갔기 때문이다. 배가 고파진 형제는 넓적한 돌 위에 솔잎 반죽을 올려 솔잎떡을 만들었지만 도저히 먹을 수가 없었다. 그때 풀이 죽은 숙제의 머릿속에 떠오르는 생각이 있었다. 시골 사람들은 흉년이 들면 고사리를 먹는다는 이야기였다.

그날부터 그들은 날마다 고사리를 뜯었다. 처음에는 숙제가 뜯어오면 백이가 삶았다. 나중에는 함께 뜯으러 나갔다. 조리법도 다양해졌다. 고사리탕, 고사리죽, 고사리장, 맑게 삶은 고사리, 고사리 싹탕, 풋고사리 말림 등등. 얼마 후 고사리는 바닥이 나버렸다. 둘은 고사리를 찾아 날마다 멀리 나가야 했고, 몇 번 거처를 옮기기도 했지만 얼마 지나면 결국 마찬가지였다. 새로운 거처도 점차 구하기 어려워졌다. 굶주리지 않으려고 고사리를 찾아 거처까지 옮겨 다니는 백이와 숙제의 모습은 의롭게 굶어 죽었다는 전설과는 거리가 멀다. 루쉰은 배고픈 형제의 모습을 그렇게 풍자했다.

루쉰, 숭배를 마다하고
전설의 이면을 파헤치다

―

그러던 어느 날 수양산에서 제일 높은 사람인 소병군(小丙
君)이 찾아와 백이·숙제에게 단도직입적으로 말한다.

"무릇 하늘 아래에 임금의 땅 아닌 곳이 없다' 했으니, 도대
체 당신들이 먹고 있는 고사리는 우리 성상폐하의 것이 아니란
말인가?"

형제는 할 말이 없었다. 거기서 끝나지 않았다. 재앙은 늘
겹쳐오는 법이다. 우물에 빠졌는데 다시 위에서 큰 돌덩이가
떨어지는 격이었다. 어느 날 두 사람이 고사리를 먹고 있는
데, 스무 살가량의 여자가 보고 물었다. "왜 이렇게 변변찮은
것을 드세요?" 백이가 "우리는 주나라 곡식을 먹지 않기 때문
에……"라고 말을 꺼내자 그녀는 잠시 냉소를 짓더니 소병군
과 똑같은 말을 했다.

"무릇 하늘 아래에 임금의 땅 아닌 곳이 없다' 했으니, 당신들
이 먹고 있는 고사리는 우리 성상폐하의 것이 아니란 말인가요?"

백이와 숙제는 머리를 세게 맞은 듯한 충격을 받았다. 먹다 남은 고사리, 물론 먹지 않았다. 아니 먹을 수가 없었다. 보는 것조차 수치스러웠다. 주나라 곡식은 먹지 않겠다면서 주나라 고사리는 열심히 캐 먹은 형제를 루쉰은 조롱하고 있는 것이다.

그로부터 20일 뒤 동굴 속에서 백이와 숙제가 웅크린 채 죽어 있는 것을 나무꾼이 우연히 발견했다. 사람들이 몰려들어 그들이 죽은 이유에 대해 저마다 한마디씩 했다. 한 사내가 말했다. 소병군의 집 하녀 아금이 산에 올라가 그들을 놀렸고, 그 때문에 화가 난 형제가 억지를 부리다가 자살한 것이라고.

이에 아금이 자초지종을 말한다. 그 두 바보가 자기 때문에 화가 나서 더 이상 고사리를 먹지 않은 것은 사실이지만, 결코 자기 때문에 죽은 것은 아니라고 변명했다. 아금은 자신이 들은 얘기를 전한다. 하느님이 두 사람이 굶어 죽게 생긴 것을 보시고는, 암사슴에게 명하여 그들에게 젖을 먹이도록 했다. 백이·숙제는 사슴 젖을 먹으면서 속으로 딴생각을 품었다. '이 사슴이 이렇게 포동포동하니 잡아먹으면 그만일 거야.' 그래서 슬그머니 팔을 뻗어 돌을 움켜쥐려 했다. 그러자 사슴은 연기처럼 사라져버렸다. 하느님도 그들의 탐욕이 밉

살스러워서, 암사슴에게 이제부터는 젖을 주러 갈 필요가 없다고 말했다. 결국 백이·숙제는 고사리도 먹지 못하고 사슴 젖도 먹을 수 없게 되어 죽고 만 것이다.

"모든 게 다 그놈들의 탐욕스러운 마음과 탐욕스러운 주둥이 때문"이라고 아금은 사람들에게 말했다. 이야기를 듣던 사람들은 안도의 한숨을 깊이 내쉬었다. 왠지 마음이 가벼워졌던 것이다. 그들은 백이와 숙제의 죽음에 아무런 책임이 없다고 스스로 위안했다.

스스로 굶어 죽은 절개의 인물 백이와 숙제를 기억하는 사람들에게는 당혹스러운 내용이다. 루쉰이 재해석한 백이와 숙제의 이야기에서는 그들이 사슴의 젖도 모자라 아예 잡아먹으려는 탐욕을 부리다가 결국 굶어 죽은 것으로 나오기 때문이다.

루쉰은 백이와 숙제에 관한 지조와 절개의 신화를 여지없이 무너뜨리고 있다. 그것도 두 사람을 희화화하면서 말이다. 주나라 곡식은 입에 대지 않겠다면서 주나라 산에서 나는 고사리를 캐 먹는 모순을 조롱하고 있다. 「고사리를 캔 이야기」에 나오는 여러 장면들은 백이와 숙제를 전설 속의 영웅으로부터, 현실 속의 평범한 인물로 끌어내린다. 「백이열전」의 소재를 가지고 작가는 상상력을 발휘해 새로운 창작을 시도한다.

이처럼 루쉰은 권위에 대한 어떠한 숭배도 인정하지 않고 전설의 이면까지도 파헤친다. 그래서 신화적 영웅을 원하는 사람들에게 그는 언제나 적이 될 수밖에 없었다. 하지만 루쉰은 그것을 감내하면서 역사에서 진정으로 올바른 길이 무엇인가에 대한 성찰을 통해 그 답을 구하려 했다.

루쉰의 이 작품을 읽다 보니 브레히트의 희곡 『부상당한 소크라테스』가 떠올랐다. 루쉰의 소설에서 백이·숙제가 그랬듯이, 브레히트의 희곡에서 소크라테스는 아주 우스꽝스러운 인물로 나온다. 철학자의 자존을 위해 독배를 들던 소크라테스의 모습은 온데간데없고, 전쟁터에서 오직 생존에 급급하여 잔꾀를 부리는 가난한 철학자로 묘사된다. 적군이 오자 소크라테스는 삼십육계 줄행랑을 치다가 선인장 가시에 발을 찔린다. 놀란 그는 적군을 향해 얼떨결에 고래고래 고함을 지른다. 그런데 그 얘기를 잘못 전해들은 아테네 시민들은 소크라테스의 영웅적인 행동을 칭송하며 열광한다. 소크라테스는 차마 사실을 고백하지 못한다. 결국 소크라테스는 안티스테네스, 알키비아데스 그리고 아내 크산티페 앞에서 자신의 비겁한 행동을 고백한다.

박설호 교수에 따르면 브레히트에게 중요한 것은 "죽음을 불사하는 용기"와 같은 거짓된 추상적 전언이 아니라, 전쟁이라는 거짓 이데올로기에 이용당하지 않고 살아남는 일이며, 자신의 생존을 위해 도주했다는 것을 솔직히 밝히는 일이었다. "전쟁 나면 내가 먼저 총 들고 나서겠다"는 식의 얘기만이 용기 있는 모습으로 칭송받는 사회에서, 브레히트가 묘사한 소크라테스의 모습은 얼마나 인간적이며 사실적인가. 탈영병이 된 소크라테스라니. 브레히트 또한 소크라테스를 희화화하면서, 누구도 거역하기 어려운 전쟁의 이데올로기를 해체했다.

영웅은 없다.
다만 만들어질 뿐
———

사마천의 백이·숙제와 루쉰의 백이·숙제 가운데 어느 것이 진실이었는지 우리는 알 길이 없다. 모든 시대에는 여러 개의 진실이 주장되기에 복수의 진실이 존재하는 경우가 많다. 영웅의 이야기도 그러하다. 영웅에 관한 진실은 상상력을 통해서 만들어지고, 그 영웅을 중심으로 미화된 진실 세계를 구축한다. 하지만 영웅의 서사는 이성과의 충돌을 동반한다. 그것은 사실을 건너뛴 상상력에서 만들어진 믿음인 경우가 많기 때문이다.

나는 인문학 작가가 되기 이전에 오랫동안 정치평론을 해왔다. 그런데 정치 세계에는 저마다의 영웅들이 존재하고 자신이 생각하는 영웅을 중심으로 정치의 서사를 쓴다. 나는 그 틈바구니 속에서 정치적 영웅을 인정하기를 거부해왔다. 다른 사람들이 영웅이라 칭송하는 인물들이 훌륭한 줄 몰라서가 아니었다. 정치라는 것 자체가 욕망의 덩어리일진대, 그곳에 지고지선의 얼굴만 가진 우리들의 영웅은 존재하지 않는다는 것이 나의 생각이다. 그러니 어떤 영웅도 비평의 대상이 되어야 한다.

하지만 많은 사람들로부터 추앙받는 영웅을 지상으로 끌어내리는 일은 무척 위험하다. 사람들은 자신의 영웅이 모두의 영웅이 되기를 바라며, 영웅에 대한 합의를 요구하기 때문이다. 하지만 영웅적인 신화의 이면에는 현실의 그늘이 존재하게 마련이다. 그 빛과 그늘에 대한 냉정하고도 균형 잡힌 시각을 가질 때 우리의 이성은 비로소 세상 속에서 작동할 수 있다. 가짜 영웅 만들기가 이성의 작동을 막아버린 최악의 사태를 우리는 얼마 전 박근혜 정부의 탄생과 몰락을 통해 목격했다.

어디 그뿐이겠는가. 정도의 차이가 있을 뿐이지, 저마다 자신의 영웅을 만들어놓고 그 울타리에 갇혀버리는 경우를 흔하게 본다. 자신의 영웅을 무오류의 신화로 포장하고 그의 잘못까지도 뒤따르기에 급급하다. 거기서 본래 가졌던 나의 생각이란 더 이상 존재하지 않게 된다. 내가 아니라, 그 영웅이 내 생각의 중심이 되어버리는 것이다. '아니요'라고 말할 수 있는 나의 이성은 작동을 멈추게 된다. 하지만 그래도 될 영웅은 현실 세계에서는 존재하지 않는다. 영웅은 필요에 의해 만들어질 뿐이다.

우리는 자유를 감당할 능력이 있는가

———

그럼에도 왜 그렇게 많은 사람들이 영웅을 원하고, 찾아나서며, 거기에 매달리는 것일까. 마루야마 겐지는 산문집『인생 따위 엿이나 먹어라』에서 영웅에게 지배받고 싶어하는 인간의 나약한 속성을 질타한다.

인간은 왜 영웅과 지배자와 강자를 원하는가. 인간은 모두 지배받고 싶어하는 약자이기 때문이다. 한시도 안심할 수 없는 이 세상을 자신의 판단과 결단과 실천으로 살아가기 괴로워하는 것이 바로 인간이다. 그래서 가능하면 그 고통을 누군가 대신 없애주었으면 하고 바란다. 초식동물의 흔적인 그런 겁 많은 특질이 모여 불필요한 집단과 조직을 만들고, 사회와 나라를 이룬다. 그리고 그 세계를 반듯하게 관리할 능력이 있을 법한 인물을 추대해서는, 그를 따르고 충성할 것을 맹세함으로써 한순간이나마 안심하려 한다.

백이·숙제의 신화를 해체했던 루쉰의 작가정신을 겐지에게서도 엿볼 수 있다. 겐지는 부모에게도 국가에게도 의존하지 말라며, 홀로 자신만의 길을 가라고 우리에게 주문한다. 그 길에서 벗은 오직 고독뿐이다. 겐지는 "지상의 보물인 자유에는 언제나 고독의 그림자가 따라다닌다"며, "자유와 자립의 정신이야말로 인간이 인간일 수 있는 증거"이고 "불안과 주저와 고뇌야말로 살아 있는 증거"라고 말한다. 살아 있으면서 절대적인 안녕을 얻으려 한다면, 그것이야말로 산송장의 삶인 것이다. 나의 길을 가기 위한 고독과 고뇌는 내가 살아 있는 인간이라는 증거다.

영웅을 숭배하지 않고 자유를 찾으려는 이들의 정신은, 도스토옙스키의 『카라마조프가의 형제들』에서 예수를 질타하던 대심문관의 이야기를 떠올리게 한다. 대심문관은 예수를 지하실에 가둬놓고 심문하면서, 당신은 인간에게 자유의 믿음을 주었지만, 자유를 감당할 수 있는 사람은 소수일 뿐이었다고 공박한다. 그는 "분명히 말하건대, 인간이라는 이 불행한 존재에겐 태어나면서부터 받은 이 자유의 선물을 넘겨줄 대상을 어서 빨리 찾는 것보다 더 고통스러운 근심거리는 없다"며 인간에게는 자유를 감당할 능력이 없음을 야유한다. 자신의 자유를 위탁할 대상을 찾았던 인간의 모습은 겐지가 말한 '지배받고 싶어하는 약자'의 모습 바로 그것이다.

나의 영웅은 누구인가. 나에게는 내가 영웅이다. 당신에게는 당신이 영웅이다. 구태여 멀리 있는 백이·숙제를 영웅으로 만들 필요는 없다. 지상의 세계에 메시아는 없더라. 그래서 나는 백이와 숙제마저도 조롱한 루쉰이 좋다.

06

삶의 품격을
배우다

— 플라톤, 『소크라테스의 변명』

"저런 식으로 사느니 차라리 이런 식으로 항변하고
죽는 쪽을 택하겠습니다."

우리는 누구나 자유롭게 살기를 원하지만 현실은 녹록하지 않다. 나와 세상이 일치하지 않기 때문이다. 그런 경우 세상이 나에게 맞춰주는 경우는 없다. 세상은 나로 하여금 자기 말을 순순히 따를 것을 요구한다. 그래서 힘없는 나는 살아가면서 숱한 고민과 선택의 기로에 서게 된다. 세상이 시키는 대로 할 것인가, 아니면 나의 본디 모습을 지킬 것인가.

소크라테스는 이 어려운 물음 앞에서 실존적 결단을 내린 철학자다. 그는 자신이 생각하는 진리를 지키기 위해 살 길을 마다하고 기꺼이 독배를 들었던 단독자다. 철학자로서의 자존을 지키기 위해 죽음을 택했던 소크라테스의 이야기는 플라톤이 쓴 『소크라테스의 변명』에 잘 담겨 있다.

소크라테스가 보여준 진정한
자존감

―

소크라테스는 생전에 저작을 남기지 않았다. 우리가 읽고 있는, 또는 알고 있는 소크라테스의 이야기는 모두 제자 플라톤의 대화편을 통해 전해지는 내용이다. 독배를 들고 삶을 마감한 소크라테스의 마지막 모습은 진정한 철학자의 자존감이 어떤 것인가를 감동적으로 보여준다.

소크라테스는 기원전 399년에 아니토스, 멜레토스, 리콘 등의 고발로 재판을 받게 된다. 그의 죄목은 신성모독과 젊은이들을 타락시켰다는 것이다. 당시 소크라테스는 거리와 광장에서 아테네 젊은이들을 상대로 철학적 토론을 벌이곤 했는데, 그럴 때마다 군중이 모여들었다. 죄목이야 그랬지만 실제로는 당시 정치 지도자들을 제대로 인정하지 않던 소크라테스를 젊은이들이 따르는 것에 대한 반감이 작용한 재판이었다. 그는 아테네 시민법정에서 재판을 받게 되었고, 배심원들을 상대로 자기변론을 하게 된다.

『소크라테스의 변명』은 그 자기변론의 연설을 모은 책이다. 이 책에는 피고 소크라테스가 유·무죄를 가리는 1차 판결 이전, 유죄 판결이 내려진 뒤 2차 판결 직전, 그리고 2차 판결에서 사형선고를 받은 직후, 모두 세 차례에 걸쳐 행한 연설이 담겨 있다.

소크라테스는 자신을 고발한 데 대한 항변으로 연설을 시작한다. 그는 '아테네인 여러분'이라는 호칭을 사용하며 자신의 변론이 배심원들이 아닌 아테네 시민들을 향한 것임을 내비쳤다.

"아테네인 여러분, 나를 고발한 사람들로 인해 여러분이 무슨 일을 겪었는지 난 알지 못합니다. 하지만 어쨌든 나는 그들로 인해 나 스스로도 거의 나 자신이 누구인지를 잊어버릴 지경이었습니다. 그 정도로 그들은 설득력 있게 말하고 있었던 거죠. 하지만 진실에 관한 한 그들은 아무것도 말한 게 없다고 할 수 있습니다."

소크라테스는 자신에 대한 고발과 재판이 부당하다고 주장했다. 자신을 고발한 사람들의 말에는 진실이 전혀 없으며, 오직 자신에게서만 온전한 진실을 들을 수 있을 것이라고 했다. 소크라테스에 대한 고발장에는 이런 내용이 들어 있었다.

소크라테스는 젊은이들을 망치고, 국가가 믿는 신들을 믿지 않고 다른 새로운 신령스러운 것들을 믿음으로써 불의를 행하고 있다.

소크라테스는 고발장 내용을 하나하나씩 반박한다. 하지만 소크라테스는 결코 목숨을 구걸하지 않았다. 그는 배심원들에게 자신의 무죄를 간청하지 않겠다고 밝힌다. 오히려 그들을 가르치고 설득하겠다고 한다.

"그런데 여러분, 명성의 문제는 차치하고 재판관에게 간청하는 것도, 간청을 해서 죄를 벗는 것도 정의롭지 않으며, 오히려 가르치고 설득하는 것이 정의롭다고 나는 생각합니다. 재판관은 정의를 사적 이해관계로 재단하기 위해서가 아니라 정의를 판가름하기 위해서 앉아 있는 거니까요."

자신은 죄가 없고 앞으로도 변함없이 활동을 계속할 것이며, 자기를 죽인다면 아테네에 큰 손실이 될 것이라고 당당하게 말한다.

누군가 소크라테스에게 물었다. 자신의 목숨을 위험에 빠뜨린 그런 일을 해서 법정에 선 것이 부끄럽지 않으냐고. 그러자 소크라테스는 이렇게 훈계했다.

"조금이라도 쓸모 있는 사람이라면 어떤 행동을 할 때 옳은지 그른지, 착한 행동인지 나쁜 행동인지만 고려할 뿐입니다. 그렇지 않고 살게 될 것인지 죽게 될 것인지를 저울질해야 한다는 것이 그대의 생각이라면, 그대의 제안은 바람직하지 못합니다."

자신의 행동에 따라 사느냐 죽느냐가 중요한 것이 아니라, 그 행동이 옳은가 그른가가 중요하다는 것이다. 그는 애당초 재판 결과에 따라 죽고 사는 것에는 관심이 없었다. 소크라테스는 공적 삶과 사적 삶이 일치하는 그런 삶을 추구했다.

목숨을
구걸하지 않겠다

사실 소크라테스는 마음만 먹으면 목숨을 구할 길이 있었다. 하지만 그는 시민법정에서 전혀 굴하지 않는 태도를 보여주어 그런 기회를 스스로 걷어찼다. 그는 자신에 대한 혐의를 부인하는 데 그치지 않고 시민배심원들을 향해 훈계를 했다. 만약 배심원들이 자신을 석방한다면 이렇게 말하겠다고 했다.

"훌륭한 양반, 당신은 지혜와 힘에 있어서 가장 위대하고 가장 명성이 높은 아테네 사람이면서, 부자가 되거나 명성과 명예를 높이는 일에는 신경 쓰고 현명함과 진실, 그리고 영혼을 고양시키는 데는 전혀 신경 쓰지 않는다는 게 부끄럽지 않습니까?"

배심원들로서는 발끈할 수밖에 없는 도발이다. 법정에 선 피고인이 배심원에게 그렇게 사는 게 부끄럽지 않으냐고 묻고 있다. 이쯤 되면 누가 재판을 받는 것인지 알 수 없다. 소크라테스는 이어서 말한다. 구차스럽게 목숨을 구하지 않고 기꺼이 죽는 길을 택하겠다고.

"하지만 앞에서도 위험 때문에 자유인답지 않은 일을 해서는 절대 안 된다고 생각했듯, 지금도 이런 식으로 항변한 것에 대해 후회하지 않습니다. 오히려 저런 식으로 사느니 차라리 이런 식으로 항변하고 죽는 쪽을 택하겠습니다."

당시 시민법정의 배심원 수는 500명이었다고 한다. 그리고 유죄와 무죄를 가리는 1차 투표 결과 280 대 220으로 유죄 판결이 났다. 이어서 형량에 대한 판결에서 사형선고가 내려졌다. 만약 이때 소크라테스가 고분고분한 태도를 보이고 배심원들을 설득했더라면 판결이 뒤집혔을지도 모른다. 하지만 그는 굴복하지 않고 배심원들을 훈계하고 조롱함으로써 그들을 격분하게 했다. 결국 소크라테스는 사형 360표, 벌금형 140표를 받았다.

소크라테스는 사형선고를 받고 시민법정을 나서면서도 결코 잘못을 인정하지 않았다. 자신에게 사형선고를 내린 배심원들이 옳은지, 자신이 옳은지는 오직 신만이 알 것이라고 했다.

"아니, 벌써 떠날 시간이 되었군요. 나는 죽으러, 여러분은 살러 갈 시간이. 우리 중 어느 쪽이 더 좋은 일을 향해 가고 있는지는 신 말고는 그 누구도 알지 못합니다."

두 번째로 살 수 있었던 길은 탈옥이었다. 사형선고를 받은 소크라테스는 감옥에서 죽을 날만 기다리고 있었다. 그런데 친구 크리톤이 이른 아침에 찾아와 탈옥을 권했다. 크리톤은 친구로서 자책까지 해가며 소크라테스에게 탈옥을 서두를 것을 종용했다. 소크라테스가 마음만 먹는다면 만반의 준비가 되어 있었기에 탈옥에 성공할 수 있었다. 그러나 소크라테스는 탈옥을 거부하고 감옥 안에서 동료 및 제자들과 마지막 대화를 나눈다. 그 내용은 플라톤의 대화편 『파이돈』에 담겨 있다.

소크라테스는 제자 심미아스에게 철학자가 죽음을 노여워 해서는 안 된다고 말한다.

"철학에 올바르게 종사해온 사람들이 다름 아닌 죽음과 죽어 있음을 추구하고 있다는 사실을 다른 사람들은 깨닫지 못하고 있는 것 같네. 자, 만일 이것이 참이라면, 그들이 전 생애 동안 다름 아닌 이것을 열망하면서도 정작 오랫동안 열망하고 추구해온 것이 닥쳤을 때 그것에 노여워한다는 건 정말이지 이상한 일일 걸세."

평소 철학자로서 영혼 불사론(不死論)을 말했던 자기가 어떻게 죽음을 두려워하겠느냐는 뜻이었다. 죽음을 영혼의 해방이라고, 그러니 죽음을 두려워할 이유가 없다고 말해왔던 철학자가 죽음이 눈앞에 와 있다고 해서 말을 바꿀 수는 없다는 것이었다.

내면의 진실을 지킨
단독자
———

이렇게 탈옥을 거부하고 독배를 든 소크라테스는 마지막 말을 남긴다.

"크리톤, 우리는 아스클레피오스에게 닭 한 마리를 빚지고 있네. 부디 갚아주게. 잊지 말고."

아스클레피오스는 의술의 신이다. 따라서 소크라테스의 이 마지막 말은 자신을 삶이라는 병에서 낫게 해준 데 대해 감사하다는 의미로 해석된다. 그는 그렇게 감사해하며 세상을 떠났다.

플라톤은 『파이돈』의 마지막에서 스승 소크라테스를 "가장 훌륭하고, 가장 현명하며, 가장 정의로웠던" 사람으로 기록했다. 소크라테스는 죽음으로 자신의 자존을 지켰고, 그로 인해 역사 속에서 영원히 살아 있는 철학자가 되었다.

소크라테스는 이렇게 목숨으로 내면의 진실을 지킨 단독자(單獨者)였다. 키르케고르는 『이로니의 개념, 언제나 소크라테스를 돌이켜 보면서』라는 학위논문을 썼다. 그는 이 논문에서 소크라테스가 '단독자'에게 최고의 관심을 가졌으며, 이 단독자를 깨우쳐 바깥 세계가 아니라 자신의 내면에서 진리를 찾도록 가르쳐주었다고 설명한다. 키르케고르의 관심을 끈 것은 소크라테스가 최고의 법정인 국가의 권위를 넘어섰다는 사실이다. 소크라테스는 국가의 모든 법을 상대화했으며, 그럼으로써 모든 사람의 내면에 있는 '무한한 것'을 일깨워주고 이 무한한 것이 바로 그 사람의 최고 권위가 되어야 함을 보여준 것이었다.

사람에게는 다른 무엇보다도 자기 내면에 있는 진실이 최고의 것이 되어야 함을 소크라테스는 보여주었다. 그에게는 아테네 법이나 시민법정보다도 소중한 것이 철학자로서의 자존이었다. 자기가 사는 시대에서 국가, 그리고 대중과 불화를 겪으면서도 자기 영혼을 지키는 철학자로서의 삶을 살았던 것이다.

지금 우리가 대면하는
소크라테스적 상황
—

21세기를 사는 우리가 2400여 년 전에 살았던 철학자의 삶을 이야기하는 이유는 무엇일까. 우리도 살면서 소크라테스가 처했던 상황에 수없이 직면하기 때문이다. 물론 그처럼 목숨을 거는 극단적인 상황은 아니겠지만, 진실을 지킬 것인가 아니면 현실 앞에 굴복할 것인가의 기로에 설 때가 많다. 그때 어떤 선택을 하는가에 따라 나의 정체성이, 나의 삶이 결정된다.

오랜 세월 방송생활을 하면서 언제나 시험에 들곤 했다. 유난히 정치적 시류를 타는 시사방송에서는 자신을 지키면서 중심을 잡는다는 것이 그리 쉬운 일은 아니다. 방송사와 출연자는 갑과 을의 관계인 것이 현실이다. 스타들이 출연하는 예능 방송도 아니고, 시사방송에 나가고 싶어 전화만 주면 달려갈 사람들이 줄을 서 있다. 방송사의 요구에 맞춰주지 않으면 살아남기 어렵고, 맞춰주는 사람은 오래 가게 되어 있다. 그래서 맞춰줄 것이냐, 내 모습을 지킬 것이냐의 갈림길에 설 때가 많았다.

2011년 많은 논란과 반대 속에 종편 방송이 처음 시작되었을 때 나는 출연을 거절했다. 여러 방송이 동시에 생겨났지만, 그때만 해도 검증된 출연자는 적은 편이었기에 나에게도 출연 요청이 계속 들어왔다. 이명박 정부가 들어서면서 나는 방송 출연이 대부분 끊겨 있던 상태였다. 배고픈 김에 아무

떡이나 집어먹을 수도 있었겠지만, 종편의 편파성에 대한 우려와 반대의 목소리가 많았기에 나는 출연하지 않는 것이 내가 취할 도리라고 생각했다.

대통령 선거가 치러지던 2012년에는 섭외가 들어오는 대로 다 출연했다면 제법 큰돈을 벌 수도 있었다. 하지만 중립적이라는 평가를 받는 한 곳을 제외하고는 일체 응하지 않았다. 인간이 짐승과 다른 것은 배고프다고 아무거나 먹지 않겠다는 자존감이 있기 때문이라고 생각했다. 대단한 것은 아닐지라도, 그저 나의 진실을 지키고 싶었다.

2012년 대선을 거친 이후 종편을 현실로 받아들일 수밖에 없다는 현실론이 대세를 이루었다. 그때부터는 나도 종편 출연에 응하기 시작했다. 하지만 그 과정은 끊임없는 긴장을 요구했다. 당시 종편의 정치적 편파성은 악명 높았기 때문에 자칫 들러리가 되지 않도록 언제나 긴장된 자세를 유지해야 했다.

진실은 일상 속에서
지켜지는 것

———

내 경우는, 종편 방송의 아이템과 맞지 않아 빈번하게 갈등이 빚어지곤 했다. 한 종편 채널에서 출연 섭외가 들어와서 응했다. 당연히 정치 관련 내용이라 생각했는데, 출연을 몇 시간 앞두고 북한 관련 아이템이 들어간다는 전화가 왔다. 그날 아침 한 신문에 북한 군부(軍部) 인사에서 '천안함 폭침의 책임자가 등용되었다'는 내용을 다룬다는 것이었다.

종편 채널에서 북한을 다룰 때 별다른 근거나 확인된 정보 없이 소설 쓰듯이 말하는 것을 익히 알고 있었기에, 그렇다면 나는 출연하기 어렵다고 대답했다. 내가 북한 전문가도 아니고, 북한 전문가라 해도 확실한 내용을 알기 어려운 상태에서 말하는 것은 옳지 않다고 설명했다. 나는 방송에 나가서 내가 모르는 것에 대해 말하는, 그러니까 연기를 해서는 안 된다는 소신을 갖고 있었다. 결국 그날 출연은 취소되었고 그 프로그램에서는 더 이상 섭외가 들어오지 않았다. 전화만 걸면 달려올 사람도 많은데, 굳이 나 같은 비협조자를 부를 이유가 없었을 것이다.

그런가 하면 다른 종편 채널에서 정치 야사(野史)를 특집으로 다룬다고 해서 출연한 적이 있었다. 그런데 하루 전에 받아본 아이템에 '북한 왕조'에 관한 내용이 들어 있었다. 마찬가지로 내가 알 수도 없는 내용을 가지고, 역시 아무것도 아는 것이 없을 다른 패널들과 깔깔거리며 얘기할 일이 아니라고 생각하여 출연을 취소하자고 했다. 남북관계를 생각하면 방송이 그런 소설 쓰기 식으로 나가서는 안 된다는 것이 나의 평소 소신이었다.

그러자 제작진은 대책이 없다며 이런 제안을 했다. 앞의 아이템들 다 녹화하고, 북한 관련 내용 녹화에 들어갈 때 나는 빠지고 다른 탈북 출연자를 투입하는 방법이었다. 방송 제작팀으로서는 내 고집 때문에 무척 번거롭게 된 것이지만, 그렇게 방송은 진행되었다. 나는 내가 해야 할 부분만 방송하고 그 자리를 떠났다. 역시 그 뒤로 섭외는 없었다.

종편에 대해서만 까칠하게 대했던 것은 아니다. 진보 성향이 강한 팟캐스트에 출연 섭외를 받은 적도 많았다. 하지만 정확한 사실에 근거하지 않은 채 지나치게 자극적으로 흘러가는 팟캐스트 문화에 부정적이었던 나는 대부분 응하지 않았다. 주류 언론이 제 역할을 못하던 환경에서 팟캐스트 방송이 해온 역할도 컸지만, 그럼에도 책임지지 않는 내용의 방송은 나에게 맞지 않는다고 생각했다. 물론 그런 곳에 자주 얼굴을 내밀면 대중적 인기가 올라갈 것이다. 하지만 내 얼굴을 지키는 것이 무엇보다 중요했다.

방송 출연에 대한 욕심, 그에 따르는 경제적 이익을 생각하면 어떤 방송에서 무엇을 요구하든 맞춰주는 것이 사는 길일지도 모른다. 사실 방송에 많이 출연하는 대부분의 사람들이 그렇게 한다. 굳이 까다롭고 불편하게 처신하지 않는다. 정치적 시류에 따라 말을 바꾼다. 박근혜 대통령이 위세를 떨칠 때는 침묵하던 출연자들이, 그가 힘이 빠지고 나니 그때부터 민주투사가 되는 경우도 많이 보았다.

그렇게 중심 없이 시류를 좇는다면 나의 진실을 잃어버리게 된다. 내 생긴 것과 다르게, 내가 생각하는 것과 다르게, 나의 말을 꾸며댄다면 나는 진실이 아닌 거짓을 말하는 것이 되고 만다. 방송에서 그까짓 얘기 한번 맞춰주고 말고 하는 게 뭐 그리 대단한 일이냐고 할지도 모르겠다. 하지만 자신의 진실을 지키는 것은 추상적인 의지가 아니라 구체적인 일상 속에서 이루어진다. 손가락에 끼면 자신의 모습이 보이지 않는 '기게스의 반지'를 끼고도 양심을 지킬 수 있는 사람이 진실을 말할 수 있는 사람이다.

글 쓰는 사람에게는 문장 하나에, 방송하는 사람은 말 한마디에 진실이 달려 있다. 때로는 하나의 문장, 한 마디 말을 지키기 위해 자신을 걸어야 할 때도 있다. 그것이 양심이고 힘이다. 소소한 과정에서 유혹을 이겨내고 자기의 진실을 지켜냈을 때 그것은 세상을 살아가는 힘이 되어준다.

생각과 삶의
일치라는 숙제

———

소크라테스의 죽음에서 우리가 깨닫게 되는 것은 철학과 삶의 일치다. 아무리 거창하고 숭고한 사상과 철학을 말한다 하더라도 자신의 삶에서 그것을 구현하지 못한다면 그것은 거짓에 불과하다는 것을 소크라테스는 죽음으로 말했다. 그래서 동료 크리톤이 탈옥을 권유했을 때, 죽음을 두려워하는 것은 철학자의 삶이 아니라고 답했던 것이다.

우리는 숱한 욕망의 유혹에 둘러싸여 살아간다. 권력, 재물, 명예, 위신……. 거창한 대의를 목소리 높여 말하던 사람들조차 그 욕망에서 자유롭지 못함을, 아니 더 집착하고 있음을 발견하고 허탈해지는 순간도 많다. 우리 모두가 소크라테스적 상황에 처해 있음을, 그리고 앎과 삶의 일치라는 힘겨운 숙제를 껴안고 살고 있음을 생각하게 된다. 인간으로서 나의 자존과 품격을 지키는 길은 결국 내 마음에 달려 있는 게 아닐까. 소크라테스는 '성찰하는 삶'을 일깨워주고 사람들의 곁을 떠나갔다.

07

왜 이토록
불안한가

– 프란츠 카프카, 『변신』

"내쫓아버리는 거예요. 그 외에는 방법이 없어요.
아버지. 저것이 오빠 그레고르라고 언제까지나 생각하고 계시니까
그러는 거예요."

누구나 그렇겠지만, 살아오면서 힘든 고비가 여러 차례 있었다. 심한 정신적 고통을 겪어야 할 때도 있었고, 젊은 날에는 경제적 어려움을 겪기도 했다. 우울증에 걸릴 것 같은 나날도 있었다.

몹시 우울했던 어느 날 오후, 거리의 풍경을 아직도 잊지 못한다. 나는 이렇게 힘든데, 나는 이렇게 고통스러운데, 환한 표정으로 도시를 걷고 있는 사람들의 모습은 화가 날 지경이었다. 당신들은 내가 없어진들 눈 하나 깜짝하지 않겠지! 그런 당신들이 괘씸해서라도 나는 독하게 살아낼 것이다!

고통스러운 만큼 그런 풍경이 더 크게 눈에 들어오는 것이었겠지만, 사실 따지고 보면 지극히 자연스러운 일이다. 우리는 수많은 사람들 속에서 서로가 그런 존재일 뿐이다. 막상 우리는 서로 간에 그렇게 가깝게 연결되어 있지 못하다. 우리는 단절되어 있다.

우리 모두의 절박한
고립감

ㅡ

프란츠 카프카는 41세에 세상을 떠날 때까지 큰 굴곡이 없는 평범한 삶을 살았지만 그의 내면은 불행과 고뇌의 연속이었다. 카프카는 평생 불행하게 지냈다. 프라하의 상층부를 장악하고 있던 독일인에게는 유대인이라는 이유로, 같은 유대인들에게는 시온주의에 반대한다는 이유로 배척당했다. 카프카는 유대인으로 태어났으나 유대교도도 아니었고 그렇다고 기독교인도 아니었다. 독일어를 사용했지만 독일인도 아니었고, 프라하에서 태어났지만 체코인도 아니었다. 그는 평범한 가정생활을 포기하면서까지 작가이길 원했지만 온전한 의미의 작가도 아니었다.

그는 많은 세계에 조금씩 속해 있으면서도 그 어느 것에도 속하지 않은, '이방인'이었다. 그는 숙명적으로 고독의 짐을 지고 살았다. 이러한 현실은 그의 작품 활동에 큰 영향을 미쳤다. 인간의 실존에 관한 물음이 카프카 문학의 주제가 되었다. 세계의 불확실성과 인간의 불안한 내면을 독창적인 상상력으로 그려낸 그의 작품은 그가 죽은 뒤에야 세상에 알려졌다.

카프카의 소설 『변신』은 현대인의 고립감을 절박하게 표현한 걸작으로 평가받고 있다. 이 작품은 주인공 그레고르 잠자의 외로운 죽음에 관한 얘기다.

그레고르는 의류 회사의 영업사원이었다. 그는 부모님의 빚을 갚기 위해 열심히 일하며 가족의 생계를 꾸려 나가고 있었다. 외판 업무는 짜증 나는 일이었지만, 그레고르는 자신의 희생이 가족에게 행복과 만족을 가져다준다고 굳게 믿었다.

어느 날 아침 그레고르는 불안한 꿈에서 깨어났는데, 자신이 침대 속에서 흉측한 벌레로 변해 있는 것을 발견했다. 그는 갑옷처럼 딱딱한 등을 밑으로 한 채 위를 향해 누워 있었다. '이게 도대체 어떻게 된 일인가?' 하고 그는 생각했지만, 꿈은 아니었다. 벌레가 되어버린 몸으로는 편하게 누워서 잠을 잘 수가 없었다. 그러다가 그레고르는 자신의 고달픈 직업을 떠올리며 불평한다.

"제기랄! 어째서 나는 이렇게 고된 직업을 선택하게 되었을까! 날이면 날마다 출장 또 출장이다. 사무실 근무도 여러 가지 귀찮은 점이 있기는 하겠지만, 외판 사원의 고생에 비할 바가 아니다."

기차 시간에 대한 불안과 불규칙하고 대충 때우는 식사, 게다가 끊임없는 사람과의 접촉도 그렇다. 늘 사람을 만나는 직업이지만 지속적인 교류도, 정말로 친한 사람도 없다. 이 얼마나 지긋지긋한 일인가! 아침에 일찍 일어나야 하는 것도 고역이다. 그러나 부모님이 사업에 실패해서 사장에게 큰 빚을 지고 있기 때문에, 그 빚을 청산할 때까지는 일을 그만둘 수 없는 형편이다. 그는 가족의 생계를 위해 쉬지 않고 일해야 한다.

그러다가 문득 시계를 보니, 출장 갈 시간이 이미 지났다. 그레고르가 출근하지 않자 상사가 집으로 찾아온다. 근무 태만이라고 비난하는 상사에게 그레고르는 방 안에서 변명하지만, 상사는 전혀 알아듣지 못한다. 벌레로 변신한 그레고르는 사람들과 소통을 할 수가 없다.

그레고르가 방문까지 몸을 질질 끌고 가서 간신히 방문을 열고 가족과 상사 앞에 모습을 드러냈을 때, 그들은 충격에 휩싸인다. 어머니는 털썩 주저앉고, 아버지는 울기 시작하며, 상사는 질겁하여 허둥지둥 떠난다. 아버지는 발을 구르면서 지팡이와 신문지를 휘둘러 그레고르를 방 안으로 몰아넣으려 한다.

그레고르가 아무리 사정을 해도 소용이 없고, 아무도 그의 말을 알아듣지 못한다. 공손하게 고개를 숙여보아도 아버지는 점점 무섭게 발을 구를 뿐이다. 아버지는 빨리 그레고르를 제 방으로 쫓아버려야 한다는 일념뿐이다. 그레고르는 어쩔 수 없이 문지방 위로 몸통을 밀어 넣는다. 몸통 한쪽이 문에 끼여 위로 치켜 올라가고, 그 바람에 옆구리가 심하게 벗겨지고 만다. 그레고르가 피투성이가 된 채 방 안으로 몸을 집어넣자마자 아버지는 방문을 꽝 닫아버린다. 이제 그레고르는 방 안에 갇힌 신세가 되었다.

지금까지 가족을 위해 그토록 열심히 일해왔건만 가족은 그를 해충 보듯이 한다. 징그러운 벌레로 변해 더 이상 가족에게 도움이 되지 않는 그를 외면한다. 하지만 흉측한 벌레로 변신한 그레고르는 여전히 여동생과 부모님의 앞날을 걱정한다. 그레고르는 그들의 말을 모두 알아듣지만, 가족 가운데 누구도 그레고르의 심정을 이해하거나 말을 알아듣지는 못한다.

이처럼 『변신』은 벌레라는 존재를 통해 소통과 이해가 단절된 소외 상황을 암시한다. 그레고르가 생활비를 버는 동안 가족은 그에게 고마워했다. 그러나 그가 벌레가 되어 더 이상 돈을 벌 수 없게 되자, 그는 집안의 골칫거리로 전락한다. 그레고르의 존재는 곧 가족의 중심 밖으로 밀려나게 된다. 왜냐하면 완전히 망한 줄로만 알았던 집안에 약간의 돈이 남아 있었고, 아버지와 어머니 그리고 어린 여동생까지 돈을 벌게 되었기 때문이다.

아무도 슬퍼하지 않는
외로운 죽음
—

그날 이후 그레고르는 방에서 꼼짝도 않고 단조롭고 무료한 생활을 하게 된다. 여동생 그레테는 그레고르의 모습을 혐오하면서도 방 안에 음식을 넣어주고 방 청소를 한다. 그레고르는 낮에 창가에서 밖을 내려다보며 시간을 보낸다. 잠을 잘 때는 긴 소파에 몸을 비집고 들어가고, 여동생이 들어올 때는 신경 써서 그곳에 몸을 숨긴다. 문 너머로 들려오는 대화를 들으니, 가족에게는 적게나마 모아놓은 비상금이 있어서 앞으로 1~2년은 생활할 수 있을 것 같다고 한다. 하지만 그 돈을 사용해서는 안 된다는 것을 가족들은 안다.

그러는 동안 그레고르는 벽이나 천장을 타고 기어다니는 습관을 갖게 된다. 이를 알아차린 그레테는 오빠가 벽을 타고 기어다니는 데 거치적거리는 가구들을 방에서 치워주어야겠다고 생각한다. 그레테가 어머니와 함께 가구를 옮기기 시작하자 그레고르는 자신이 인간이던 시절의 흔적을 없애는 게 못마땅해서 벽에 걸려 있던 액자에 달라붙었다. 그런 그레고르의 모습을 본 어머니는 졸도하고 만다. 귀가한 아버지가 그 광경을 보고는 그레고르가 난동을 부린다고 생각해서 그를 향해 사과를 마구 던진다.

아버지가 던진 사과가 등에 정통으로 박히면서 그레고르는 한 달 동안 고생해야 했다. 그 사이에 빠듯한 형편 때문에 어머니와 여동생이 직장을 구한다. 여동생은 이제 그레고르를 돌보는 게 지겨워진다. 그레고르 때문에 힘들어 하는 가족들 틈에서, 그레테는 이제 오빠를 버려야 한다고 말한다.

"저는 이 짐승을 오빠라고 부르고 싶지도 않아요. 그러니까 이런 말씀을 드리는 거예요. 우리는 저것을 없애버릴 계획을 세우지 않으면 안 돼요. 저것을 보살피고 참아내기 위해서 우리가 할 수 있는 일은 다 했잖아요. 그 누구도, 그리고 저것도 그런 일로 우리를 비난하진 못할 거예요."

그레고르는 가족의 대화를 엿듣고 있었다. 그레테는 말을 이어간다.

"내쫓아버려요. 그 외에는 방법이 없어요, 아버지. 저게 그레고르 오빠라고 생각하고 계시니까 그러는 거예요. 우리가 지금까지 그런 식으로 믿어온 게 사실은 우리의 불행이었어요. 하지만 도대체 어떻게 저게 그레고르란 말인가요? 만일 저게 그레고르였다면, 인간이 자기와 같은 벌레와는 함께 살지 못한다는 것쯤은 이미 알고 있을 거예요. 그래서 스스로 집을 나갔을 거예요, 틀림없이. 그렇게 오빠가 사라져주었다면 우리는 어떻게 해서든지 살아남아서 오빠에 대한 추억을 소중히 간직할 수 있었을 텐데, 틀림없이 이 집 전체를 점령해서 우리를 길거리로 몰아낼 거예요. 네, 저것 좀 보세요, 아버지!"

아버지도 딸의 말에 동의한다. 가족의 대화를 들은 그레고르는 쇠약해진 몸을 이끌고 자기 방으로 들어간다. 그레고르가 방 안으로 들어가자마자 급히 문이 닫히고 굳게 빗장이 걸린다. 그는 갇혀버렸다. 그는 자신이 이제는 전혀 움직일 수 없게 되었다는 것을 알았다. 온몸이 아프기는 했지만, 그것도 오래지 않아 가라앉았고 마침내 통증이 완전히 사라지는 것을 느꼈다. 부드러운 먼지를 뒤집어쓴 등의 썩은 사과도, 그 주위에 생긴 염증조차도 이미 느낄 수가 없었다. 그는 편하게 죽음을 맞는다.

소외된 삶에서
도피하고자 변신해봐도

———

다음 날 아침 일찍 가정부가 벌레의 모습으로 죽은 그레고르의 시체를 발견한다. 긴 빗자루로 청소하다가 시체를 발견한 가정부는 잠자 부부의 침실을 활짝 열고는 "이리 좀 와보세요, 저것이 뻗었어요. 저쪽에 뻗어서 자빠져 있어요!"라고 고함을 지른다. 벌레가 되어 죽은 그레고르는 '저 사람'이 아니라 '저것'으로 불린다.

쇠약해진 몸으로 거의 아무것도 먹지 못한 그레고르의 죽음은 사실상의 자살이었다. 카프카가 그레고르를 벌레로 변신시킨 것은 절망 속에서 자유의 출구를 찾으려는 모색이었다. 그러나 그레고르의 죽음은 그 변신이 실패로 돌아갔음을 의미한다. 벌레가 된 그레고르는 가족에게는 거추장스러운 짐일 뿐이었다. 자신의 존재가 가족을 불행하게 만들고 있음을 깨달은 그는 자신이 죽음으로써 가족이 자유로워지는 길을 택한 것이다.

그래서 카프카 연구자 빌헬름 엠리히는 그레고르의 죽음은 무의미한 멸망일 뿐 아니라, 자신을 해방시키는 인식이라고 설명한다. 그레고르는 자신의 죽음을 긍정한다. 그는 세계와 화해하고 죽는다. 자신의 기생적 생존 방식이 무의미하다는 결론을 내리고 가족을 원망하지 않고 화해의 감정 속에서 죽음을 맞이한 것이다.

그는 감동과 애정을 가지고 집안 식구들의 일을 다시 한 번 생각해보았다. 자신이 사라지지 않으면 안 된다는 생각은 아마도 누이동생보다 그 자신이 훨씬 더 강했을 것이다. 이처럼 공허하고 편안한 명상 상태에 있는 그의 귀에 새벽 3시를 알리는 교회 종소리가 들려왔다. 문득 그의 머리가 저절로 밑으로 푹 수그러졌다. 그리고 콧구멍으로부터 마지막 숨이 희미하게 새어나왔다.

이것을 카프카의 자아분열이라는 공식에 대입해보면, 외부 세계에서 지치고 소외된 삶에서 도피하는 방법으로서의 변신은 실패한 것이고, 죽음과 타협함으로써 순수 영역으로 복귀하고 싶다는 타나토스적 욕망(자기를 파괴하려는 죽음의 욕망)이 발동된 것이라고 할 수 있다.

그레고르가 죽자 잠자 씨 가족은 그날 하루를 산책이나 휴식을 취하며 보내기로 한다. 가족에게는 쉬어야 할 충분한 이유가 있었고 반드시 휴식이 필요했다. 그들은 홀가분한 마음으로 집을 나선다. 세 사람은 전차를 타고 교외로 나간다. 느긋하게 의자에 등을 기대고 앉아 앞으로의 일을 이것저것 상의한다. 잘 생각해보면 그들의 장래도 그렇게 어두운 것만은 아니었다. 왜냐하면 세 사람은 모두 괜찮은 직업을 가지고 있었고 전망이 매우 밝았기 때문이다.

이야기를 나누고 있는 동안에 잠자 부부는 차츰 생기가 돌아오는 딸의 모습을 보고, 그녀가 최근 근심과 고생을 겪었음에도 불구하고 아름다운 여성으로 성장해 있음을 깨닫는다. 잠자 부부의 눈에 그런 딸의 모습은 새로운 꿈과 아름다운 미래에 대한 약속처럼 느껴진다.

우리는 근원적으로
불안한 존재

—

변신이라는 가상의 전제 앞에서 그레고르의 가족은 유죄라는 비난을 면하기 어렵다. 아버지의 폭력적인 모습으로 대표되는 이들의 비인간적인 속성은 이전에는 드러나지 않다가 아들의 변신을 계기로 적나라하게 폭로된다. 벌레를 치운 후 딸의 '젊은 육체'에서 미래의 희망을 보고 소풍을 떠나는 결말은 비인간적인 육체 못지않게 비인간적인 존재 방식을 여실히 보여준다.

그레고르는 돈을 버는 동안에는 존재를 인정받았지만, 이제 그 기능을 못하게 되자 그의 존재 가치는 사라져버린다. 가족 간의 사랑보다 물질을 더 중시했던 가족들은 무관심과 경멸 속에 그레고르가 죽도록 내버려둔다. 자신의 바람과 다르게 가족을 위해 돈을 벌어야 했던, 그러나 벌레로 변한 뒤 가족의 냉대를 받아야 했던 그레고르의 모습을 통해 언제 어떤 상황에 처하게 될지 모르는 불확실한 세계에서 살아가는 우리의 존재 조건을 발견하게 된다.

카프카는 그레고르의 변신과 죽음을 통해 우리 인간이 얼마나 불안한 존재인가를 말해준다. 가족조차 기능적 필요에 의해 유지되는 관계임을 그레고르는 벌레가 되고서야 깨닫게 되는 것이다. 나의 존재는 속물적인 욕망이라는 껍질 안에서 생존을 위해 버둥대는 벌레 같은 존재였다. 우리는 벌레처럼 죽어가는 불쌍한 영혼들인 것이다. 그레고르, 그리고 우리들.

가족을 위해 그렇게 열심히 일했건만 벌레가 되자 외면당하고, 관계가 단절된다. 죽어도 아무도 슬퍼하지 않는 그레고르의 외로운 처지는 오늘날 우리의 실존적 불안을 상징적으로 표현하고 있다.

내가 시한부 생명을 선고받았다고 해서 지나가던 사람들이 나에게 다가와 위로의 말이라도 건네줄 것인가. 사람들은 아무 일도 없다는 듯이 즐거운 표정으로 친구와 떠들며 길을 갈 것이다. 내가 하던 일에 실패해서 다시는 일어날 수 없을 것 같은 절망에 빠져 있어도, 길 가던 사람들은 누구도 관심을 기울이지 않는다. 그때 눈에 들어오는 푸르른 하늘은 내 마음을 더욱 서럽게 한다. 슬픈 것은 오직 나뿐이고, 내가 사라져도 세상은 아무 일도 없다는 듯이 잘 돌아갈 것이다. 좀 억울하고 화나지 않는가. 내가 세상에서 그런 존재밖에 안 되었던가 하는 자조가 나올 법하다. 하지만 따지고 보면 우리는 그런 존재에 불과하다. 45억 년 지구의 역사에서 찰나처럼 왔다가 가는, 먼지보다 작은 것이 나의 존재다. 세상의 많은 사람들이 내 편이 되어줄 것이라는 기대는 애당초 착각일지 모른다.

사실 우리는 모두 그레고르 같은 존재다. 언제 어떤 일을 겪게 될지 알 수 없다. 우리의 삶은 너무도 불확실하기에 불안하다. 청년들은 안정된 직업을 가질 수 있을지가 걱정거리이고, 중장년이 되면 가족을 제대로 부양할 수 있을지가 또한 걱정이다. 나이 들어 은퇴를 하게 되면 노후에 대한 불안이 우리를 기다리고 있다.

그 과정에서 어떤 위기 상황이 닥쳐왔을 때 과연 누가 나를 도와줄 것인가, 무엇이 내게 힘이 되어줄 것인가를 생각해보면 답은 분명하지 않다. 설마하니 그레고르도 자신이 아무리 벌레가 되었다 해도 여동생과 아버지가 자신을 버릴 것이라고 상상이나 했겠는가. 벌레가 되어 일상에서 탈출하려 했던 시도는 단절된 관계 앞에서 여지없이 실패하고 만 것이다. 우리에게도 필요에 의해 맺어진 관계가 무수히 많다. 하지만 그 필요가 사라졌을 때 과연 그 관계가 유지될 것인가를 곰곰이 생각해보면, 우리는 모두 외로울 수밖에 없는 존재다.

결국 믿을 것은
나의 힘

미디어를 통해 정치에 관한 이야기를 많이 하던 시절, 나에게도 '팬'이라는 층이 있었다. 내가 표현하는 정치적 견해가 자신들과 같으면 응원을 보내주었다. '같은 편'이라고 생각했기 때문일 것이다.

하지만 상황이 달라지고 자신들이 지지하는 정치인에 대한 비판이 나왔을 때, 그래서 같은 편이 아니라는 생각이 들었을 때 많은 사람들이 나에게서 떠나갔다. 마치 썰물처럼. 누구라 할 것 없이 공통적으로 반복되는 패턴이었다. 그 사람들에게 필요한 것은 '같은 편'이라는 사실이지 나라는 실존적 주체가 아니었다.

사실 고정불변의 정치적 입장이라는 것이 어디 있겠는가. 정치 혹은 정치인에 대한 평가는 상황의 변화에 따라 달라질 수밖에 없다. 정치인도 나도, 사람이란 변하는 것이고 그에 따라 평가도 달라지는 것이기에 오히려 변하는 것이 자연스러울 수 있다. 그가 누구든 어떤 정치인에 대한 무조건적인 믿음을 앞세울 것이 아니라, 무엇이 내가 살아온 삶, 내가 가져온 생각에 부합하는가를 따져 판단할 일이다. 그래야 나를 지킬 수 있다.

하지만 현실은 그러한 자유로움을 허락하지 않는다. 서로 자기편이 옳다고 믿는 상황에서, 무리에서 이탈하는 것을 의미하기 때문이다. 한때 환호했던 사람들이 배신자라고 냉소하면서 곁을 떠나간다. 서로가 필요에 의해 연결되어 있었을 뿐, 그 관계는 아무 의미 없는 소외된 관계였던 셈이다. 어느 날 벌레가 되었다고 가족으로부터 외면당한 그레고르의 처지와 무엇이 다르겠는가.

하지만 그렇다고 해서 그레고르처럼 죽어갈 일이 아니다.

우리는 그레고르와 달리 이미 세상을 알고 있지 않은가. 애당초 누구에게 의존하지 말고 내 힘으로 살아갈 생각을 했어야 한다. 나를 일시적으로 필요로 하는 사람들에게 너무 큰 기대를 걸며 살아갈 일이 아니다. 그런 착각이 필요 이상의 좌절과 낭패감을 낳게 된다. 상처받지 말고 담담하게 대할 일이다.

그레고르의 불쌍한 죽음 앞에서, 나는 나 스스로의 힘으로 살아갈 것을 다짐했다. 어떤 불안도 감당할 수 있도록.

08

내 안에 얽혀 있는
선과 악

— 빅토르 위고, 『파리의 노트르담』

"승리가 내게 남아 있지 않은 건 주님의 잘못이야.
주님은 인간과 악마를 똑같은 힘으로 만들어놓지 않았으니까 말이야."

소설에 나오는 주인공 또는 뉴스에 나오는 정의의 인물에 대해 우리는 그들이 언제나 선한 의지를 가진 인간이기를 기대한다. 그러한 믿음은 우리가 살아가는 데 많은 위안과 힘을 주기 때문이다. 반대의 경우를 생각해보라. 믿었던 사람조차 배신해버린다면, 우리는 누구를 믿고 살아가야 할 것인가. 생각하고 싶지 않은 슬픈 결말이다. 하지만 그러한 슬픈 결말이 현실에서는 수없이 많이 일어난다.

이루어질 수 없었던 사랑들

—

빅토르 위고가 쓴 『파리의 노트르담』은 세 인물을 중심으로 펼쳐지는 이야기다. 집시 여인 에스메랄다를 마음속으로 간절히 사랑하는 꼽추 카지모도, 그러나 경비대장 페뷔스를 짝사랑하는 에스메랄다, 신부의 본분을 망각한 채 에스메랄다에 대한 욕정에 사로잡힌 클로드 프롤로 부주교가 그 주인공들이다.

1482년 광인절 날, 시인 그랭구아르는 파리 시내를 헤매다가 아름다운 집시 여인 에스메랄다를 보고서는 그녀를 뒤따라간다. 그러다 카지모도와 한 남자가 그녀를 납치하려는 것을 목격하고는 끼어들고, 카지모도는 페뷔스에게 체포되어 끌려간다. 카지모도의 힘에 밀려 길바닥에 쓰러졌던 그랭구아르는 부랑자들에게 끌려가서 죽을 위기에 처한다. 그때 부랑자들의 우두머리 클로팽이 결혼하겠다는 집시 여인이 나타나면 살려주겠다는 조건을 제시한다. 그러나 아무도 나서지 않자 에스메랄다가 나타나 그와 결혼하겠다고 말한다. 이렇게 해서 그랭구아르는 목숨을 구한다.

물론 두 사람이 진짜 결혼한 것은 아니다. 에스메랄다는 자신을 구해준 페뷔스를 사랑하고 있었고, 그랭구아르를 구해준 것은 단지 그를 불쌍하게 여겼기 때문이다. 그랭구아르도 그 사실을 알기에 더는 딴마음을 먹지 않는다. 페뷔스를 향한 에스메랄다의 일편단심은 마지막까지 계속된다.

꼽추이자 귀머거리인 카지모도는 그런 에스메랄다를 사랑

하게 된다. 체포되었던 카지모도는 겁탈죄로 재판을 받은 뒤 죄인 공시대에서 매를 맞고 욕설과 학대와 조롱을 받고 돌을 맞는다. 갈증을 못 이겨 물을 달라고 외치는 그를 보고 군중은 비웃을 뿐이다. 그때 한 여인이 공시대에 올라와 카지모도의 입에 물통을 대준다. 그 여인은 자신이 겁탈하려 했던 에스메랄다였다. 카지모도의 눈에 커다란 눈물방울 하나가 맺히더니, 그의 추한 얼굴을 따라 천천히 떨어진다. 그것은 아마도 이 불우한 사나이가 난생처음 흘린 눈물이었으리라. 그때부터 카지모도는 마음속으로 에스메랄다를 사랑하게 된다.

에스메랄다를 차지하려는 또 다른 사람이 있었으니, 카지모도가 괴물 같은 모습으로 태어났을 때 거리에서 데려와 키운 프롤로 부주교였다. 그는 에스메랄다와 페뷔스가 몰래 만나는 모습을 옆방에서 훔쳐보다가 격분하여 페뷔스를 칼로 찔러 죽이고 도망간다. 그러나 범인으로 몰린 사람은 에스메랄다였다. 그녀는 사악한 마법으로 페뷔스를 살해했다는 누명을 쓰고 교수형을 선고받는다. 사람들은 그녀를 마녀라고 비난한다. 페뷔스를 죽인 프롤로 부주교는 감옥에 갇힌 에스메랄다를 찾아가 사랑을 고백한다. "내 육신은 여자의 모습이 지나가는 걸 보고 흥분했던 적이 한두 번이 아니었어." 욕정에 사로잡힌 마음을 고백한 프롤로는 주님이 인간과 악마를 똑같은 힘으로 만들어놓지 않은 잘못을 했다며, 자신 안에 있는 악마에 대해 말한다. 그의 고백을 들은 에스메랄다는 몸서리친다.

사랑했던 모든
이들을 잃고
—

살인자 프롤로 대신 에스메랄다가 교수대에 오른다. 그때 갑자기 카지모도가 나타나더니 에스메랄다를 구출하여 대성당 안으로 들어간다. 그곳은 군인들도 들어갈 수 없는 성역(聖域)이다.

잠시 후 그는 맨 위의 옥상에 다시 나타났다. 여전히 보헤미아 아가씨를 양팔로 안고, 여전히 미친 듯이 뛰면서, 여전히 "성역이다!"라고 외치면서. 그리고 군중은 갈채를 보냈다. 끝으로, 그는 커다란 종탑 꼭대기에 세 번째로 나타났다. 거기서 그는 온 도시에 자기가 살려낸 여인을 자랑스럽게 보여주는 것 같았으며, 그의 우렁찬 목소리는, 사람들이 좀처럼 들을 수 없고 자기 자신도 들어본 적 없었던 그 목소리는, 미친 듯이 구

름까지 울리도록 세 번 "성역이다! 성역이다! 성역이다!" 하고
되풀이했다.

그때 카지모도는 처음으로 자신이 존엄하고 굳세다는 것
을 느꼈다. 빅토르 위고는 이 순간을 '감격적'이라고 썼다. 하
지만 프롤로 부주교는 에스메랄다를 카지모도에게서 떼어내
기 위해 집시들에게 노트르담 대성당을 공격하도록 한다. 집
시들은 에스메랄다를 구하기 위해 노트르담 대성당을 포위
공격하지만, 카지모도는 그들이 에스메랄다를 죽이려고 온
것으로 오해하고서는 맞서 싸운다.

그사이 프롤로 부주교는 에스메랄다를 성당에서 빼내 도
주한다. 그는 그녀에게 죽음과 자기 중 하나를 선택하라고
요구한다. 하지만 에스메랄다는 끝내 프롤로를 거부하고 죽
음을 선택하겠다고 말한다. 그러자 프롤로는 경비대에 신고
한다. 에스메랄다는 체포되어 교수형에 처해진다. 에스메랄다
가 교수형에 처해지던 그 시각, 카지모도는 종탑 위에서 프롤
로 부주교를 지켜본다. 그 순간 카지모도는 분노와 두려움으
로 가득 차 있다. 그의 가슴속에서는 프롤로와 에스메랄다가
맞부딪치고 있었던 것이다.

그 불쌍한 소녀가 교수형에 처해지던 가장 끔찍한 순간에

악마의 웃음이, 인간이 인간이기를 그만두었을 때나 나올 법한 웃음이 프롤로 신부의 창백한 얼굴에 번졌다. 그 모습을 보고 격분한 카지모도는 그에게 달려들어, 그가 굽어보고 있던 구렁텅이 속으로 등을 밀어버린다. 프롤로는 비명과 함께 떨어지지만, 카지모도는 돌아보지 않는다. 대신 카지모도는 그레브 광장의 교수대에 있는 에스메랄다를 바라본다. 메말랐던 그의 눈에서 눈물이 조용히 시냇물처럼 흘러내린다. 빅토르 위고는 그 순간을 이렇게 표현했다.

카지모도는 이집트 아가씨에게로 눈을 들어, 교수대에 매달린 그녀의 육체가 멀리서 흰옷 아래 마지막 단말마처럼 떨리는 것을 보았다. 그는 곧 부주교에게로 시선을 돌려 종탑 아래, 인간의 형체도 없어진 채 뻗어 있는 것을 보고서는 가슴을 크게 들썩거리고 흐느끼면서 말했다. "오! 저 모든 것을 나는 사랑했는데!"

"오! 저 모든 것을 나는 사랑했는데!" 이 한마디는 카지모도의 비통한 슬픔을 그대로 드러낸다. 카지모도에게는 에스메랄다와 프롤로 부주교 두 사람 모두, 그 누구보다 사랑했던 사람이었다. 에스메랄다가 교수형을 피해 대성당의 독방에 머무르고 있을 때 카지모도는 "부엉이는 종달새의 보금자리에 들어가지 않는 법"이라면서 한사코 그녀의 독방 안에 들어가지 않았다. 에스메랄다를 아끼는 마음의 표현이었다. 그런 그녀가 교수대에서 몸을 떨며 죽어가는 것을 지켜보아야 했다. 그리고 프롤로 부주교로 말하자면 흉측한 모습으로 태어난 자신을 거두어 키워준 아버지 같은 존재였다. 카지모도는 살아오면서 한 번도 그의 말을 거역한 적이 없었다. 그런데 카지모도가 그를 죽인 것이다. 그렇게 가장 사랑하던 사람들이 한꺼번에 자기 눈앞에서 죽고 말았다.

그로부터 2년 여 후에 사람들은 몽포콩의 지하실에서 한 유골이 다른 유골을 감싸고 있는 것을 발견한다.

이 유골을 꼭 껴안고 있는 다른 유골은 남자 유골이었다. 등뼈가 구부러졌고, 머리가 견갑골 속에 들어가 있고, 한쪽 다리가 다른 쪽보다 더 짧은 것을 사람들은 알아볼 수 있었다. 게다가 목의 추골이 조금도 부러지지 않은 것으로 보아, 교수형을 당한 건 아니었음이 분명했다. 그러니까 이 유골의 주인은 일부러 거기에 와서 죽은 것이다. 그가 껴안고 있는 유골에서 그를 떼어내려고 하자, 그것은 먼지가 되어버렸다.

카지모도가 죽은 에스메랄다의 시신을 안고 함께 죽었던 것이다.

부조리한 권력은
개인의 사랑도 허용하지 않는다
——

『파리의 노트르담』은 비극적인 소설이다. 등장인물들 모두가 고뇌하며 고통 받다가 죽는다. 카지모도는 사랑하는 에스메랄다에게 다가갈 수 없어 고통스러워했고, 아버지 같은 프롤로 부주교가 그녀를 차지하려는 것을 알고 괴로워했다. 에스메랄다는 페뷔스 경비대장을 향한 사랑을 끝내 이루지 못해 처절했고, 프롤로 부주교는 에스메랄다에 대한 욕정 때문에 고통스러워했다. 그들의 사랑은 모두 이루어지지 못했으며, 카지모도와 에스메랄다, 그리고 프롤로의 죽음으로 이야기는 끝난다.

이들의 죽음은 인간 내면의 다중성이 만든 결과였다. 이 작품에서는 어느 누구도 선 혹은 악을 독점하지 않는다. 선하기만 한 인물도, 악하기만 한 인물도 없다. 빅토르 위고에게 인간은 선과 악이 혼재되어 있는, 그래서 고통스럽고 고뇌하는 존재였다.

카지모도는 에스메랄다를 향한 순수한 사랑을 구현한 인물로 나온다. 외모는 추하지만 그녀를 사랑하는 마음은 순결하기 이를 데 없다. 대성당 독방에 있는 그녀를 지켜주고, 자신의 추한 외모가 그녀 눈에 띄지 않도록 조심한다. 마지막으로 시체들이 쌓여 있는 지하실에서 에스메랄다의 시신을 껴안고 죽어간다.

하지만 카지모도는 거칠고 심술궂은 인물이었다. 그는 처음에 에스메랄다를 겁탈하려고 했던 난폭한 인물이다. 그리고 에스메랄다와 프롤로를 제외한 다른 사람들에게는 결코 온순하지 않았다.

그가 처음 사람들 앞에 나섰던 순간부터 그는 자기 자신을 느꼈고, 다음에는 야유당하고 모욕당하고 배척당했다. 인간의 말은 그에게 항상 조롱이거나 저주였다. 자라면서 그는 주위에서 증오밖에는 발견하지 못했다. 그는 그 증오를 취했다. 그는 모든 사람들의 심술궂음을 획득했다. 그는 남들이 자기에게 상처를 입힌 그 무기를 주운 것이다.

에스메랄다 또한 이중적이다. 아름다운 외모를 지닌 그녀는 추한 외모를 가진 카지모도를 외면한다. 그녀가 카지모도의 보호에 고마움을 느끼게 된 것은 자신을 죽음에서 구해주고 대성당 안에서 자신을 지켜주었을 때다. 그럼에도 에스메랄다의 마음은 끝까지 페뷔스를 향해 있다. 정작 페뷔스는 바람둥이었고 그녀를 사랑하지도 않았지만. 그런 페뷔스를 사랑하는 에스메랄다의 모습은 답답하기조차 하다.

인간의 이중성을 가장 극단적으로 보여주는 인물은 프롤로 부주교다. 에스메랄다에 대한 욕정에 사로잡혀 있던 그는 악에 의해 선이 무너져버린 인물이다. 여인에 대한 그의 소유욕과 집착은 신부라고 보기 어려울 정도다. 술과 여자에 빠진 동생을 걱정하며 훈계하는 형의 모습과는 어울리지 않는다.

빅토르 위고는 그의 내면을 이렇게 묘사했다.

프롤로 부주교는 자기 자신 안에서 악마의 웃음이 터지는 것을 느꼈다. 그는 자기 마음의 밑바닥에서 자신의 모든 증오를, 자신의 모든 악의를 휘저어보고, 환자를 진찰하는 의사와 같은 냉철한 눈으로 그 증오는, 그 악의는 부패한 사랑에 불과하다는 것을, 인간의 모든 미덕의 원천인 이 사랑은 신부의 가슴속에서는 끔찍한 것으로 변한다는 것을, 그리고 자기와 같이 생긴 인간은 신부가 됨으로써 악마가 된다는 것을 인식했다.

그리고 그는 소름 끼치게 웃었다.

악마가 되어버린 신부라니. 그는 결국 자신의 양아들인 카지모도에 의해 떠밀려 추락사한다. 신부와 그의 양아들이 한 여인을 놓고 사랑과 질투의 증오극을 벌인 비극적 결말이다.

하지만 에스메랄다의 죽음은 통속적인 삼각관계가 낳은 치정극의 결말로 해석할 일은 아니다. 우리는 에스메랄다처럼 죄 없는 착한 여인이 어째서 처형당해야 했는지를 물어야 한다. 그녀는 악마가 되어버린 프롤로 부주교와 불합리한 재판제도, 그리고 비이성적인 군중에 의해 교수형을 당했다. 교회는 부패했고 형벌은 지배계층에 의해 제멋대로 행사되었으며, 군중은 미신 같은 고정관념에 사로잡혀 있었다. 에스메랄다의 죽음은 마녀사냥이라는 사회적 타살이었다.

카지모도가 분노하며 프롤로 부주교를 죽인 것은 단지 개인에 대한 복수 이상의 의미를 가진다. 그것은 에스메랄다처럼 죄 없는 여인을 죽인 15세기 사회의 폭력과 부조리에 대한 항의였다. 카지모도는 불쌍한 자신을 거두어 키워준 프롤로 신부에게 평생 복종하며 살았다. 그랬던 카지모도가 감히 그를 죽인 것은 위선적인 교회에 대한 봉기였고, 민중을 개나 돼지로 여기는 지배계층에 대한 반란이었다.

그런 점에서 『파리의 노트르담』은 단순한 사랑 소설이 아니라, 인본주의를 바탕으로 하는 역사소설이기도 하다. 15세기 프랑스 사회를 살았던 귀족, 성직자, 의사, 집시, 부랑자 등 온갖 인간 군상이 담겨 있고, 그들 사이의 사랑과 증오와 질투의 드라마가 펼쳐진다. 부조리한 법제도와 타락한 교회, 그리고 무지한 군중이 존재하는 한, 인간은 사랑조차 이루지 못하고 파멸로 가는 비극적 운명에 처할 수밖에 없음을 말해준다.

다중성은 모든 인간의
굴레

—

그런 점에서 『파리의 노트르담』은 다의적이다. 주인공들의 비극적 삶은 개인적이기도 하고 사회적이기도 하다. 모든 삶이 그러하듯이 카지모도, 에스메랄다, 프롤로의 삶에는 개인과 역사가 얽혀 있다. 그들 개인이 선한 의지만 가진 존재였더라면, 그리고 그들이 사는 사회가 선한 얼굴만 가진 사회였더라면 주인공들의 비극은 없었을지 모른다. 하지만 그것은 애당초 불가능한 일이다. 개인과 사회 그 어디에도 선한 의지만 존재하는 곳은 없기 때문이다.

위고가 등장인물들을 통해 묘사했듯이 인간은 선과 악 어느 하나로만 규정할 수 없는 존재다. 아무리 선하다고 칭송받는 사람도, 반대로 아무리 악하다고 비난받는 사람도 그의 내면에는 여러 가지 얼굴이 존재한다. 선과 악 가운데 어느 하나의 힘이 일방적으로 압도하는 인간은 그리 많지 않다. 선과 악 사이에서 갈등하고 고뇌하는 것은 인간이 짊어진 숙명이다. 이 작품의 주인공들에게서 드러나는 내면의 다중성 역시 인간이라면 피해가기 어려운 굴레다.

우리는 누구나 자신이 선한 얼굴을 가진 인간이기를 원한다. 하지만 인간에게는 좀처럼 통제하기 어려운 욕망이 있다. 틈만 나면 꿈틀대는 욕망이란 놈은 우리의 삶을 시험에 빠뜨린다. 재산 욕심, 권력욕, 명예욕, 인간에 대한 소유욕에 이르기까지 수많은 이기적 욕망들이 우리를 따라다니며 탐욕스러운 존재로 만들려 한다. 그로 인해 우리는 다중적인 인간이 될 수밖에 없다. 공공선(公共善)을 실현하는 이타적 삶을 살아야 한다고 믿는 나, 개인의 욕망에 매달려 이기적 삶을 살려는 나, 그리고 그 사이에서 어느 것이 진정한 나의 모습인가를 찾으려고 갈등하며 고뇌하는 나, 이렇게 여러 개의 자아가 충돌하기도 하고 공존하기도 하면서 살아가는 것이 우리네 삶이다.

지상의 인간이라면 누구도 그 굴레로부터 자유로울 수 없다. 흔히 하는 착각 가운데 하나는, 정의를 말하는 사람의 삶은 반드시 정의로울 것이라는 믿음이다. 그러나 그로부터 많은 실망과 배신이 생겨나기도 한다.

카뮈의 소설 『전락』은 약자들을 위해 일하는 유명 변호사의 고백과 참회의 기록이다. 변호사 클라망스는 떳떳했기에 '양심의 평온함'을 누리며 살아왔다. 하지만 그런 자신의 모습이 '범속한 야망보다 더 높은 곳'에 도달하려는 또 다른 욕망의 결과였음을 고백한다. "나의 마음속에서나 다른 사람들 사이에서 높은 곳으로 올라가 환하게 불을 켜놓았다. 그러면 즐거운 찬양이 나를 향해 떠오르곤 했다"는 클라망스의 기억은, 옳은 일을 한다는 우월감을 누리며 살아온 자신에 대한 참회다.

프롤로 부주교가 욕정 때문에 에스메랄다를 죽음으로 몰아넣는 악마가 되었듯이, 욕망에는 사실 정치적 이념이나 신분, 나이의 구분이 존재하지 않는다. 그들은 자신의 욕망을 뒤로 숨긴 채 대중에게 천사의 모습으로 나타나 환호를 받으면서 정치적 신분 상승을 이루어가곤 했다. 그럴 때 나는 "임금님 귀는 당나귀 귀"라며 그 진실을 세상에 외치고 싶었던 적이 한두 번이 아니었다. 타인의 욕망은 불륜이고 나의 욕망은 로맨스인 것일까.

이처럼 우리가 이기적 욕망에서 자유롭지 못한 이유는, 그것이 어떤 이념이나 가치가 아니라 인간의 본성에 기인하는 것이기 때문이다. 토머스 홉스에 따르면 모든 인간에게는 자기 자신의 삶과 평안이 타인의 그것보다 중요하다. 그는 인간이란 욕망의 지배를 받는 '본질적인 이기주의자'라고 생각했다.

데이비드 흄은 『인성론』에서 "내 손가락에 상처를 내기보다 온 세계가 파멸하는 것을 선호한다고 해서 이성에 반하는 것은 아니다"라고 했다. 내 손가락이 다칠지 모르는 순간, 나 이외의 세계는 관심에서 멀어지게 된다. 내 손가락이 다치지 않는 것보다 더 중요한 일은 없기 때문이다. 그래서 우리의 내면에서는 갈등이 계속된다.

욕망의
두 얼굴
―

나도 젊은 시절부터 정의감을 가지고 공공선을 추구하고 이타적인 삶을 고민하면서 살아온 편이지만, 개인적 욕망이 늘 따라다녔다. 남들과 같은 경제적 욕망은 오히려 큰 문제가 아니었다. 어차피 큰 재산을 모으겠다는 욕심은 없었다. 그저 우리 가족이 먹고살 수 있도록 열심히 일하는 것이 전부였으니, 그게 무슨 엄청난 욕망이랄 것은 없다. 권력이나 지위에 대한 욕심도 별반 없었다. 좀처럼 어떤 권력이나 권위에 순종하거나 고개를 숙이지 못하는 반골 기질이라, 자리를 탐하거나 고개 숙이는 모습은 상상할 줄 몰랐다. 오히려 그런 것들은 자유인의 삶에 거추장스러운 옷이었다. 그저 자유로운 게 좋았다.

하지만 그런 나에게도 욕망이 따라다닌 적이 있었다. 워낙 오랫동안 미디어에서 정치평론을 하면서 대중에게 알려져 공인(公人) 비슷한 시선을 받다 보니, 알게 모르게 세상의 무대 위 화려한 조명에 집착하는 나를 발견하게 되었다. 나를 응원해주는 사람들의 환호에 고무되어 그로부터 자기실현의 감정을 맛보던 시절이 있었다. 마치 연예인이라도 된 듯이 말이다. 하는 일이 방송이나 여러 매체에 글을 쓰며 대중에게 노출되는 일이다 보니 나를 드러내는 데 익숙해졌고, 언제나 이기적 욕망과 이타적 삶의 경계선에 서 있는 느낌이 들었다. 그 두 가지는 뒤엉켜 있어서 구분하기가 쉽지 않았다. 세상에 알려진 존재가 되는 것은 한때 아름다운 꿈일 수 있었지만, 나이가 들어 세상을 조금씩 알아가면서 그 또한 부질없는 집착임을 깨닫게 되었다.

반드시 무엇을 이루겠다는 생각 또한 그렇다. 뒤늦게 인문학 공부를 하고 책을 쓰면서 큰 목표를 가질 때가 있었다. 많이 팔리는 책을 내고, 많은 곳에서 강의를 하고 싶다는 꿈이 있었다. 하지만 곰곰이 생각해보면, 왜 꼭 무엇을 이루어야 하는가라는 질문이 떠오른다. 공부가 좋아서 하고 있고, 먹고살면서 계속 글을 쓸 수 있을 정도면 되지, 반드시 크게 성공해야 할 이유는 무엇인가. 공부하고 글 쓰는 행위에 대해 성공이라는 잣대를 들이대는 것 자체가 어울리지 않는 일이다. 자기가 하는 일에 대해 세상에서 널리 알려지는 인물이 되는 것, 오래 남을 무엇인가를 남기는 것, 그조차 사실 덧없는 것 아니겠는가. 더 유명해져서 무엇 하려고? 언젠가 때가 되면 다 내려놓고 떠나는 것인데.

물론 인간에게 어느 정도의 욕망은 살아가는 데 자극이 될 수 있다. 욕망은 경쟁심이라는 또 하나의 인간 속성을 발동시키기 때문이다. 남들에게 해를 끼치지 않는다면 자연스러운 욕망을 군이 탓할 이유는 없을 것이다. 다만 욕망에 갇힐수록, 그래서 집착할수록 힘들어지는 것은 바로 자기 자신임을 생각할 필요가 있다. 내가 낸 책이 베스트셀러가 되기를 기대

했는데 전혀 그렇지 못하면 낙담하게 된다. 세상이 자신을 인정해주지 않는 것 같으면 스스로 기가 죽게 된다. 그 모든 것이 자신에게 상처 주고 스스로를 옥죄는 것들이다. 욕망이 나를 승자로 만들어주는 경우도 있지만, 오히려 패자로 만들어 버리는 경우가 더 많다. 욕망의 노예가 아닌, 욕망을 다스리고 지배하는 주인이 될 일이다.

쇼펜하우어는 인간을 가리켜 "끝없는 욕망의 덩어리"라고 했다. 인간은 계속 생겨나는 욕구를 채우기 위해 쉴 틈 없이 애쓰게 되는데, 그것이 달성되었다고 해서 행복해지는 것은 아니다. 자신의 욕구가 일단 달성되면 공허해지고 무료해져서 다시 결핍을 느끼게 된다. 그래서 또다시 새로운 욕망에 매달리는 삶을 끝없이 반복하게 된다. 쇼펜하우어가 "세계는 바로 지옥"이라고 했던 이유가 그것이다. 스스로 만들어내는 욕망 때문에 한평생 조바심내며 살아가는 것이 우리의 모습이다.

노트르담 성당에서의 비극은 15세기 프랑스 사회의 모순과 부조리, 그리고 그 시대를 살았던 인간들의 다중성이 낳은 것이었다. 언제나 선과 악은 경계선을 찾기 어려울 정도로 뒤얽혀 있곤 했다. 인간의 삶에서 행복보다 비극의 서사가 더 많은 이유다. 이제 나이가 드니 "선과 악이 종잡을 수 없이 얽

혀" 있음을 알게 되었다던 도로시 파커의 시 구절은 사실은
나의 얘기이기도 하다.

09

지금 다시,
휴머니즘

– 호메로스, 『일리아스』

"아킬레우스여! 신을 두려워하고 그대의 아버지를
생각하여 나를 동정하시오. 나는 그분보다 더 동정받아 마땅하오."

사람을 움직이는 가장 큰 힘은 무엇일까. 강제적인 무력은 사람을 일시적으로 굴복시킬 수는 있어도 마음까지 바꾸어놓지는 못한다. 격정의 분노 또한 자신의 마음을 상대에게 드러낼 수는 있지만 갈등과 충돌을 낳을 뿐이다. 하지만 인간에 대한 사랑의 인본주의는 얼어붙은 사람의 마음을 녹여내는 힘을 갖고 있다. 가장 약해 보이는 것이 실은 가장 강한 것이다.

위대한
인본주의 서사시
—

호메로스의 『일리아스』는 트로이 전쟁을 무대로 인본주의의 위대함을 표현한 서사시다. 주인공은 영웅 아킬레우스다.

그는 트로이 전쟁에서 가장 용감한 그리스 장군이었다. 하지만 총사령관 아가멤논이 자신의 여자 브리세이스를 강제로 빼앗고 자신을 모욕한 데 격분하여 막사에 틀어박힌 채 전투 참여를 거부한다. 그러는 사이 트로이인들은 용장 헥토르를 앞세우고 그리스군의 방벽 안까지 진입하게 된다. 이에 아킬레우스는 친구 파트로클로스에게 자신의 무구를 입혀 출전시키게 된다. 아킬레우스는 파트로클로스에게 트로이군을 방벽 밖으로만 내몰고 트로이까지는 추격하지 말라고 신신당부하지만, 파트로클로스는 도망하는 트로이군을 추격하다가 결국 헥토르의 손에 죽고 만다.

친구의 전사 소식을 들은 아킬레우스는 분노와 슬픔을 가누지 못한다. 그에게 파트로클로스는 "제 모든 전우들보다도 더, 아니 제 머리만큼이나 사랑하는 전우"였다. 마침내 아킬레우스는 친구의 원수를 갚기 위해 전쟁터로 나간다. 아킬레우스는 트로이군을 성안으로 몰아넣는다. 이에 맞선 헥토르는 아버지 프리아모스 왕의 만류에도 불구하고 성문 앞으로 나가 아킬레우스와 일전을 치른다. 그러나 그는 아킬레우스에게 패해 죽고 만다.

아킬레우스의 복수는 헥토르를 죽인 데서 끝나지 않았다. 그는 여전히 분이 풀리지 않아 헥토르의 시체를 끌고 다니며 욕보였다.

> 그는 날랜 말들에게 전차 밑에서 멍에를 얹고는
> 끌고 다니기 위해 헥토르의 시신을 전차 뒤에 매달았다.
> 그러고는 헥토르의 시신을 매단 채 전차를 끌고
> 죽은 파트로클로스의 무덤을 세 번 돌고 나서 다시 막사로
> 돌아와 쉬었고,
> 헥토르의 시신을 먼지 속에 내버려두었다.

헥토르는 트로이에서 가장 용감한 장수로, 트로이 전쟁에서 총사령관 역할을 했다. 그는 용맹뿐 아니라 고결한 성품으로도 유명해서 중세 유럽의 아홉 위인*중 한 명으로 추앙받았다. 『일리아스』에서 헥토르는 용감한 전사인 동시에 평화를 사랑하고 사려 깊은 완벽한 인물로 묘사된다.

그의 자상한 아버지 프리아모스에게 아들의 죽음은 엄청난 슬픔이었다. 아들의 전사 소식을 접한 프리아모스의 집에는 울부짖음과 통곡 소리가 울려 퍼졌다. 자식들은 아버지를

---

* 중세에 기사도의 이상을 이루었다고 여겨진 아홉 명의 역사적 · 전설적 인물. 세 명의 이교도(헥토르, 알렉산드로스 3세, 율리우스 카이사르), 세 명의 유대인(여호수아, 다윗, 유다 마카베오), 세 명의 기독교인(아서 왕, 카롤루스 대제, 고드프루아 드 부용)으로 이루어져 있다.

둘러싸고 모여 앉아 눈물로 옷깃을 적셨고, 프리아모스는 외투를 뒤집어쓰고는 슬퍼했다. 그의 딸과 며느리들도 목숨을 잃은 수많은 용사들을 생각하고는 비통해했다.

아들의 시신을 찾아
적진으로 간 아버지
——

그때 제우스의 사자가 프리아모스를 찾아와 적장 아킬레우스의 마음을 즐겁게 해줄 선물들을 갖고 가서 헥토르의 시신을 돌려받을 길을 알려준다. 아르고스의 살해자가 그를 아킬레우스에게로 안내해줄 것이라며, 죽음을 두려워할 필요는 없다고 프리아모스에게 일러준다. 아킬레우스가 아들의 시신을 찾으러 온 아버지를 죽이지 않을 것이라고 안심시킨다.

프리아모스의 아내 헤카베는 흐느껴 울며 남편을 말린다. 아들을 죽인 아킬레우스는 야만적이고 믿을 수 없는 자이니 동정심이라곤 눈곱만큼도 베풀지 않을 것이라고 한다.

그러나 프리아모스는 아내의 만류에도 불구하고, 아들의 시신을 찾으러 가겠다고 말한다.

"나는 가야겠소. 여신은 결코 헛된 말을 하지 않습니다.

청동 갑옷을 입은 아카이오이족의 함선 옆에서 죽는 것이 내 운명이라면

그것은 내가 원하는 바요. 사랑하는 아들을 품에 안고

실컷 울 수만 있다면 아킬레우스가 나를 죽인다 해도 상관 없소."

결국 프리아모스는 헤르메스의 도움을 받아 아킬레우스의 처소까지 찾아간다. 아무도 몰래 들어가서는 두 손으로 아킬레우스의 무릎을 잡고, 자기 아들을 수없이 죽인 그 무시무시한 두 손에 입을 맞춘다. 아킬레우스는 프리아모스를 보고 깜짝 놀란다. 그런 그에게 프리아모스는 이렇게 애원한다.

"신과 같은 아킬레우스여, 그대의 아버지를 생각하시오!

나와 동년배이며 슬픈 노령의 문턱에 서 있는 그대의 아버지를.

혹시 인근에 사는 주민들이 그분을 괴롭히더라도 그분을

파멸과 재앙에서 구해줄 사람은 아무도 없을 것이오.

그래도 그분은 그대가 살아 있다는 소식을 들으면 마음속으로

기뻐하며 날이면 날마다 사랑하는 아들이 트로이에서

돌아오는 것을 보게 되기를 고대하고 있을 것이오.

하나 나는 참으로 불행한 사람이오. 드넓은 트로이에서 나는
가장 훌륭한 아들들을 낳았건만 그중 한 명도 남지 않았으니
말이오. 아카이오이족의 아들들이 왔을 때 내게는 아들이
쉰 명이나 있었소. 그중 열아홉 명은 한 어머니에게서 태어났고
나머지는 소실들이 나를 위해 낳아주었소.
한데 그들 대부분의 무릎을 사나운 아레스가 풀어버렸소.
그리고 혼자 남아서 도성과 백성들을 지키던 헥토르도
조국을 위해 싸우다가 얼마 전에 그대의 손에 죽었소.
그래서 나는 그 아이 때문에,
그대에게서 그 아이를 돌려받고자
헤아릴 수 없는 몸값을 가지고 지금 아카이오이족의 함선을
찾아온 것이오. 아킬레우스여! 신을 두려워하고
그대의 아버지를 생각하여 나에게 동정을 베풀어주시오.
나는 그분보다 더 동정받아 마땅하오.
나는 세상의 어떤 사람도 차마 못한 짓을 하고 있지 않소!
내 자식들을 죽인 사람의 얼굴에 손을 내밀고 있으니 말이오."

인간적인 연민이 만들어낸
극적 반전
—

이 호소는 아킬레우스의 마음을 움직였다. 그는 자신의 아버지를 위해 통곡하고픈 충동을 느꼈다. 그는 저도 모르게 프리아모스의 손을 잡았다. 그리고 두 사람 모두 슬픔에 빠져 프리아모스는 꺼이꺼이 울었고, 아킬레우스는 자신의 아버지를 위해, 그리고 죽은 친구 파트로클로스를 위해 울었다. 마침내 두 사람의 울음소리가 온 집 안에 가득 찼다. 아킬레우스는 아들의 시신을 돌려달라고 애원하는 아버지를 보면서 연민을 느꼈다.

그는 프리아모스의 손을 잡고 일으켜 세우면서 이렇게 말했다.

"아아, 불쌍하신 분! 그대는 마음속으로 많은 불행을 참았소이다.

그대의 용감한 아들들을 수없이 죽인 사람의 눈앞으로

혼자서 감히 아카이오이족의 함선을 찾아오시다니!

그대의 심장은 진정 무쇠로 만들어진 모양이구려."

그러고는 너무 슬퍼하지 말라고 위로한다. 이제 아무리 슬퍼한들 아들을 도로 살리지는 못할 것이라며. 잠시 후 아킬레우스는 프리아모스에게 헥토르의 시신을 인도해준다.

인문학자 앙드레 보나르는 『일리아스』에서 이 장면이 특히 감동적인 이유는, 도무지 아킬레우스답지 않은 역설적인 모습을 보여주기 때문이라고 설명한다. 쇠로 만든 사람의 초상에 휴머니즘 한 줄기를 훅 불어넣은 셈이라며, 호메로스가 또 한 번 재주를 부린 것이라고 평한다. 그래서 보나르는 『일리아스』가 위대한 이유를, 진실하고 위대한 인간의 모습이 담긴 인본주의에서 찾는다.

마찬가지로 문헌학자 자클린 드 로미이는 프리아모스와 아킬레우스가 만나는 장면에서는 무엇보다도 애도 속에서 느끼는 인간적 연대감이 압도한다고 말한다. 프리아모스는 아킬레우스의 아버지를 상기시키면서 그의 연민을 불러일으켰고, 그리하여 상황은 급반전한다. 인간적 연민이 반전의 계기가 된 것이다. "어떤 서사시에서도 대치하는 양쪽 진영의 두 사람이 적으로 만나 이렇듯 동정과 연민으로 끝맺지는 못할 것이다. 이처럼 완벽한 '인간적인' 서사시는 없을 것"이라며 역시 인간적인 호메로스의 위대함을 높이 평가한다.

아킬레우스는 하녀들을 불러 프리아모스가 아들의 시신을

보고 충격을 받지 않게 헥토르의 시신을 깨끗이 닦아주고 기름을 발라주라고 명령한다. 그러고는 헥토르의 시신을 반들반들 깎은 짐수레에 싣게 한다. 프리아모스에게는 장례식을 치를 때까지는 휴전할 것이니 안심하라고 약속한다.

그렇게 프리아모스는 아들의 시신을 수레에 싣고 돌아간다. 이미 성문 앞에는 남녀를 불문한 백성들이 모여 기다리고 있다. 애절한 만가가 선창되자, 여인들이 거기에 맞춰 슬피 운다. 여인들의 말이 끝나자 거기에 맞춰 수많은 백성들이 비탄의 소리를 낸다. 백성들 사이에서 프리아모스 노인이 장례 준비를 재촉한다.

고대 그리스에서는 장례식을 치르지 못한 영혼은 하데스(죽음과 지하세계를 관장하는 신, 또는 저승)의 문 근처에서 정처 없이 헤맨다고 생각했다. 이러한 영혼은 산 자의 세계에도 죽은 자의 세계에도 속하지 못하는 가련한 신세가 되어버린다. 그래서 고대 그리스인들은 죽은 자의 장례식을 잘 치르는 것을 매우 중요하게 생각했다. 프리아모스가 주위의 만류를 뿌리치고 아들을 죽인 원수이자 적장인 아킬레우스를 찾아가 설득하여 시신을 돌려받고 성대하게 장례를 치른 이유도 그 때문이었을 것이다. 그는 아들을 죽인 원수에게 애원을 해서 아들을 죽은 자들의 세계로 보내주려 한 것이다.

그런 아버지 앞에서 아킬레우스는 복수에 불타는 야수의 세계에서 벗어나 인간의 세상으로 왔다. 『일리아스』를 다른 영웅시와 구별 짓는 새로운 미덕이 나타났으니, 그것은 바로 인간에 대한 존경과 도덕심이다.

사람들은 『일리아스』를 읽으면서 주로 '용기'라는 키워드에 주목한다. 아킬레우스는 친구 파트로클로스를 잃은 분노, 프리아모스는 아들 헥토르를 잃은 분노 때문에 목숨을 걸고 나서는 용기를 가지게 된다. 그런 점에서 이 작품은 용기 있는 영웅들의 이야기다. 하지만 『일리아스』에 대한 해석을 그 지점에서 그친다면 무척 아쉬울 것이다. 분노와 용기보다 더 위대한 것은 인간에 대한 사랑의 힘이기 때문이다.

『일리아스』에서 발견하게 되는 이 같은 인본주의는 소포클레스의 비극 『안티고네』에서도 유사하게 나타난다. 안티고네는 오빠 폴리네이케스의 시신을 들판에 그냥 버려두라는 크레온 왕의 명을 어기고 시신을 수습해 묻어준다. 하지만 이 때문에 그녀는 처형을 당하게 된다. 안티고네는 폴리네이케스를 조국의 적으로 증오하기를 거부하며 이렇게 말한다. "나는 증오를 나누어 갖기 위해서 태어난 것이 아니에요. 나는 사랑을 나누어 갖기 위해서 태어났어요." 안티고네는 사랑에 아무런 조건을 달지 않았다.

이같이 인간을 모든 것의 중심에 놓는 인본주의야말로 시대를 초월하는 영속성을 가진 인류 최고의 정신이다. 어떠한 이념이나 정치도 인간에 대한 사랑보다 더 가치 있지 않다.

인간에 대한 절망과
낙관 사이에서

———

하지만 말처럼 그리 쉬운 일은 아니었다. 시대의 불의에 분노하기 시작한 청소년 시절부터 제법 나이가 든 지금까지, 세상을 향한 분노의 정념은 나를 떠나지 않았다. 우리가 사는 세상은 왜 이러한가! 어째서 착한 사람들은 힘들게 사는데, 나쁜 자들은 저렇게 잘살고 있단 말인가! 그런 분노가 있었기에 젊은 시절 세상을 바꾸는 삶에 대한 고민을 했고, 정의로운 삶을 살고자 하는 의지를 다질 수 있었을 것이다. 어쩌면 친구의 죽음에 분노하며 목숨을 걸고 싸운 아킬레우스, 아들의 죽음에 분노하고 시신을 찾기 위해 적진으로 들어간 프리아모스보다 이타적인 것이 우리들의 용기였을지 모른다.

하지만 나의 눈은 정의롭기는 했으되, 구체적인 인간을 보지 못하고 있었다. 얼마 전 원고 작업을 위해 자료를 뒤져보다가 25년 전 어느 잡지에 내가 썼던 글을 읽어보게 되었다. 돌아가신 리영희 선생의 강연 내용과 그에 관한 나의 글이 나란히 특집으로 실렸다. 나는 당시 선생이 강연에서 하신 말씀에 충격을 받고는 공개편지 형식으로 글을 썼다. 소련의 사회주의가 몰락하면서 진보적 지성들이 충격을 받고 방황하고 있을 때라, 글이 공개된 직후 화제가 되어 『한겨레』에 상자 기사로 소개되기도 했다.

그때 선생은 "이제 우리는 다시 인간이란 무엇인가, 왜 세계는 이 같은 방식으로 변화하고 있는가에 대한 대답을 찾아야 한다"며 이런 이야기를 꺼냈다.

문화혁명과 같은 인간개조 실험은 순수한 영웅성, 자기희생성, 박애성을 보여주고 있지만 인간 자체가 그러한 존재는 아니다. 동물적 인간의 한계를 인정해야 하며 인간의 소유욕에 대한 투쟁, 경쟁을 인정할 수밖에 없다.

선생은 마침내 인간에 대한 체념을 고백했다.

우리는 세계가 30퍼센트 정도의 타락과 60퍼센트의 도덕성, 인간성을 유지하면 성공이라고 보아야 하며, 이러한 타협을 이루어내는 것을 목표로 삼아야 할지도 모른다. 이것은 현실과 이상이 조화되는 안정된 사회이며 '존재를 위한 체념'이라고 부를 수 있다.

그러면서 "어째서 비도덕적이고 이기적인, 사악한 인간들이 이 세계에서 오히려 승리하는가. 가슴이 아프지만 인간은 바로 그러한 존재다"라는 결론을 내렸다.

당시 선생이 내린 결론은 한마디로 인간에 대한 어느 정도의 '체념'이었다. 역사에 대한 비관주의로 이어질 수밖에 없는 내용이었다. 30대 초반의 피 끓는 청년이었던 나는 인정할 수 없었고, 그래서 나의 청년기 사고에 가장 큰 영향을 주었던 선생께 공개편지 형식으로 글을 썼다.

"선생님, 무엇보다도 가슴 아픈 것은 인간에 대한 선생님의 신뢰가 흔들리고 있다는 사실입니다"라고 말을 꺼낸 나는, "선생님의 체념을 받아들이기에는 지금 이 땅에서 너무도 많은 도덕적이며 자기희생적인 인간들의 구체적 모습들을 만나게 됩니다"라고 반론을 폈다. 그러고는 "인간의 본성에 대해 체념하기엔 이 땅에는 너무도 많은 전태일, 그리고 이한열이 살아 숨 쉬고 있습니다"라며, "인간을 신뢰하지 못하고서 역사의 발전을 신뢰할 수는 없는 일입니다. 인간에 대한 신뢰야말로 지금 우리의 가장 큰 힘입니다"라고 목소리를 높였다.

　나는 인간에 대해 체념해서는 안 되며, 여전히 우리는 흔들리지 않고 우리의 길을 가야 한다는 낙관적 '믿음'을 말했다. 오랜 세월이 지난 후 그 글을 다시 읽어보면서 놀랐다. 그때 선생이 하셨던 말이 지금 내가 갖고 있는 생각이기 때문이다. 한 청년이, 선생께서 하신 말을 제대로 이해하지도 못한 채 세상에 대한 낙관적 전망을 지키자고 떼를 쓰고 있었다. 나는 이념을 말하고 정치를 말했지만, 정작 구체적인 인간의 모습은 보지 못하는 화석처럼 굳은 사고에 갇혀 있었던 것이다.

　하지만 나이를 먹으며 세상의 별별 일을 겪기도 하고 지켜보기도 했다. 인간의 이기적 욕망이라는 것은 그 누구도 통제할 수 없는 본성이며, 인간이 그리 이성적이고 도덕적이지만은 않다는 사실도 알게 되었다. 인간 본성의 어두운 그늘은 이념과 정치를 불문한 인간의 굴레였다. 낙관과 희망이 자리했던 자리에는 시간이 갈수록 실망과 체념의 정서가 밀고 들어왔다. 물론 '체념'이 모든 것에 대한 포기를 의미하는 허무주의는 아닐 것이다. 체념하면서도 또 어떻게든 길을 찾아야 하는 것이 오랜 역사 속에서 반복된 인간의 숙명이기도 하다.

　내가 선생을 향해 도발적인 편지를 썼듯이, 나의 이런 생각 역시 누군가에게 비판의 대상이 될 것이다. 같은 시각 누군가에게는 체념의 농도가 짙어지고, 다른 누군가에게는 새로운 희망이 시작되는 것, 그것이 세상의 풍경이다. 그런 모습이 교차하면서 인간의 역사는 그래도 희망의 불씨를 간직해왔을 것이다.

가장 오래가는 것은
사랑

—

이념과 정치는 한시적으로는 우리를 이끌 수 있지만, 그것 자체가 내 삶의 대안적 가치가 되기는 어렵다. 그것들은 애당초 영원할 수 없도록 태어났기 때문이다. 오직 영원한 것은 인간에 대한 사랑과 존중, 시간이 걸리더라도 거기서부터 우리 삶의 근본적인 변화가 시작될 수 있다.

그래서 이념과 정치가 낳은 분노보다 사랑이 더 어려울 때가 있다. 특히 정치가 우리의 내면을 깊숙이 지배할 때 분노의 노예가 되는 광경을 흔히 목격하게 된다. 정의를 실현하겠다며 시작한 정치에 대한 관심이 시간이 지나면서 정치에 대한 신앙으로 변질되어버린다. 그때부터는 자신이 옳다고 믿는 것 외에는 다른 어떤 것도 배척하게 된다. 이러한 적대감의 표출이 '만인에 대한 만인의 투쟁' 식으로 벌어지고 만다.

도대체 정치라는 것이 무엇이었던가. 인간의 이기적 욕망으로 인한 충돌을 조정하기 위해서 사회계약을 통해 국가와 정치가 생겨난 게 아닌가. 그런데 다시 그 정치로 인해 통제할 수 없는 만인 간의 투쟁이 벌어진다면 우리의 앞길은 절망적일 수밖에 없다. 내가 먼저 손잡아주려는 모습 없이 내 곁에 사람이 올 리 만무하다. 서로 간에 생각의 차이가 있다 하더라도, 인간적 연민과 연대로 뛰어넘는 것이 인본주의 정신이다.

프리아모스에게 아킬레우스는 그토록 아끼던 아들을 죽인 원수였다. 하지만 그 원수 앞에서 아버지는 울며 애원했다. 또한 아킬레우스는 헥토르를 죽였지만 사랑했던 친구 파트로클로스를 잃은 슬픔과 분노는 여전했다. 헥토르의 시신을 전차에 매단 채 끌고 다니며 욕보인 이유가 그것이었다. 하지만 자식의 시신을 돌려달라며 애원하는 아버지의 모습에 함께 눈물을 흘렸다. 원수 사이였지만 마찬가지로 가족을 생각하는 마음을 가진 똑같은 인간이기에 연민을 느꼈던 것이다. 정치보다, 전쟁보다 위대한 것은 존엄한 인간에 대한 사랑이었다.

돌아보면 세상을 바꿔놓은 프랑스 대혁명은 사실 실패한

혁명이기도 하다. 자유, 평등, 박애의 이상을 실현했던 혁명은 기요틴 공포정치로 수만 명을 죽였다. 그렇게 많은 피를 뿌린 혁명은 10여 년의 단명으로 끝났고, 왕정이 부활하고 말았다. 그 시절 혁명의 주역이었지만 결국 당통파로 몰려 처형당한 카미유 데물랭은 이런 말을 남겼다.

"아, 나의 친애하는 로베스피에르여. 오, 나의 중등학교 동무여, 사랑이 공포보다 더 강하고 더 오래간다는 그 역사와 철학 수업들을 기억하는가? 왜 공화국에서는 관용이 범죄가 되는가?"

가장 오래가는 것은 인간에 대한 사랑이요 인본주의다. 사실 정치도, 심지어 혁명조차도 지나고 보면 덧없는 것이다. 언제나 인간이 먼저다. 이 시대의 정치가가 되려 할 것이 아니라 영원한 휴머니스트가 되려는 꿈을 가진 사람들이 많았으면 좋겠다. 더 많은 것을 포용하는 삶을 살아야겠다. 이제부터라도.

10

절대적 진리는
존재하는 것일까

– 움베르토 에코, 『장미의 이름』

"진리는, 때로 없을 수도 있습니다."

진리는 하나일까 여러 개일까. 진리란 무엇일까를 생각할 때마다 따라다니는 물음이다. 내가 사는 세상에는 서로 다른 진리들이 존재했고, 진리를 말하는 서로 다른 저마다의 방식들이 있어왔다. 그래서 진리를 둘러싼 싸움이 벌어지고 있었다. 아주 치열하게.

도대체 어떤 것이 진리인가. 아니 모두가 받아들이는 절대적 진리라는 것이 존재할 수 있는 것일까. 그것을 판정하는 것은 누구인가. 다수가 믿는 것이 진리인가, 아니면 권력이 지지하는 것이 진리인가. 그 사회가 말하는 진리를 의심하거나 이의를 제기하는 것은 불온한 일인가. 진리를 둘러싼 궁금증이 커지는 가운데 읽은 책이 움베르토 에코의 『장미의 이름』이었다. 내가 갖고 있던 진리에 대한 물음에 이 책은 커다란 깨달음을 주었다.

흥미진진하고 깊이 있는
소설을 읽는 즐거움
—

『장미의 이름』은 세계적인 베스트셀러다. 40여 개국에서 5000만 부 이상 판매되었다고 한다. 이 책의 매력이 무엇인지는 읽다 보면 자연스럽게 알게 된다. 일단 재미있고 흥미진진하다. 책장을 넘길수록 계속 궁금증을 자아내는 추리소설의 매력이 있고, 연쇄 살인사건을 추적해 들어가는 탄탄한 구성도 돋보인다. 무엇보다 소설 이상의 소설이라는 깊이가 있다. 철학, 기호학, 신학, 중세사, 미학을 망라하는 인문학 책으로 다가온다. 또 읽다 보면 중세에 대한 방대한 지식을 접하는 기쁨을 맛볼 수 있다.

이 작품에도 여러 해석이 있을 수 있겠지만, 나는 '진리'에 대한 모색을 읽었다. 중세 수도원에서 발생한 연쇄 살인사건을 추적해가면서 진리란 무엇인가에 대한 질문과 답을 찾는 것이 이 작품의 궤적이다.

눈이 먼 늙은 수도사 호르헤는 아리스토텔레스의 『시학』 2권 희극편을 수도원 장서관에 숨겨놓고, 그 책에 접근하는 젊은 수도사들을 한 명씩 죽게 만든다. 그는 전통적 교리만을 절대적 진리로 받아들이는 낡은 권력을 상징하는 인물이다.

절대적 진리에 대한 그의 집착이 수도원의 비극을 불러오게
된다.

　호르헤와 상반되는 인물이 주인공 윌리엄 수도사다. 그는
절대적 진리에 대한 지나친 집착을 비판하며, 오히려 그로부터
해방되는 것이 진정한 진리라고 믿는 르네상스적 인간이다.

　진리를 둘러싼 두 사람의 충돌, 그 복선을 깔고 소설의 첫
장에는 진리에 관한 말이 나온다.

　그러나 지금은 거울에 비추어 보듯이 희미해서 진리는 우리
　앞에 명명백백하게 드러나지 않는다. 우리는 이 세상의 허물을
　통해 그 진리를 편편이 볼 수 있을 뿐이다.

　이 말을 던지는 서술자는 아드소다. 윌리엄 수도사의 제자
로 수도원에 함께 온 그는 7일 동안 있었던 일을 기록하는 역
할을 한다. 아드소는 도입부에서 이 얘기를 던지면서 진리를
아는 것이 얼마나 어려운 일인가를 함축적으로 전한다. 진리
란 한눈에 전체를 알기 어려우며, 그저 세상 속에서 그 조각들
을 통해서 조금씩 엿볼 수 있을 뿐이다. 그렇게 한눈에 파악하
기가 어려운 것이 진리이지만, 그래도 진리를 찾는 노력을 멈
추지 말아야 한다. 그 진리에 대한 이해의 차이가 연쇄 살인사

건의 시작이고, 수도원을 잿더미로 만드는 파국을 낳는다.

수도사들의
죽음이 이어지고
——

소설의 배경인 14세기에 교회는 세속화와 타락화의 길을 걸었다. 이에 교회 안팎에서는 "소유가 아닌 사용"이라는 청빈사상을 내건 움직임이 태동하고, 교황 요한 22세는 이에 대한 탄압에 나선다. 이단으로 몰린 프란체스코 수도회는 신성로마제국의 루트비히 황제와 손잡는다. 교황과 황제 사이의 세속권을 둘러싼 다툼, 교황과 프란체스코 수도회 사이의 청빈 논쟁, 황제와 교황 사이에 양다리를 걸치려는 베네딕트 수도회의 이해관계가 복잡하게 얽혀 있던 시대를 배경으로 이야기가 전개된다.

1327년 11월 말 영국 프란체스코회 수도사 윌리엄이 이탈리아의 한 수도원에 도착하면서 이야기는 시작된다. 윌리엄은 교황 측과 황제 측의 사절들이 모여 협상하는 자리를 위해 시자(侍子) 아드소와 함께 베네딕트 수도회의 한 수도원에 미리 온 것이었다. 그런데 윌리엄의 도착과 함께 수도원에서는 끔찍한 살인사건이 벌어지기 시작한다. 채식장인 수도사 아델모가 낭떠러지에서 추락사하고, 원장은 윌리엄에게 죽음에 대한 조사를 부탁한다.

윌리엄과 아드소는 조사에 나섰지만 의문의 죽음은 계속 이어진다. 윌리엄은 연이은 죽음이 『요한묵시록』과 관련이 있을 것이라고 생각한다. 윌리엄은 살인이 『요한묵시록』의 예언에 따라 진행되고 있다고 판단하고, 미궁 같은 장서관을 헤매며 추적한다.

하지만 윌리엄의 생각과 달리 연쇄 살인사건의 원인은 장서관에 단 한 권 보관되어 있는 책, 아리스토텔레스의 『시학』 제2권이었다. 아리스토텔레스는 이 책에서 웃음의 문제를 다루었고, 웃음은 우리 삶에 바람직한 것이며 진리의 도구가 될 수 있다고 말했다고 한다. 하지만 호르헤는 웃음을 악마적인 것이라고 생각하는 인물이다. 그래서 웃음이란 신의 권능을 부정하는 것으로 육체의 파멸을 가져온다고 믿는다. 윌리엄이 수도원에 도착한 첫날 호르헤와 벌였던 웃음에 관한 논쟁은 호르헤라는 인물의 성향을 알려주는 중요한 단서다.

> 호르헤: 요한 크리소스토모스에 따르면, 그리스도는 웃지 않으셨답니다.

윌리엄: 그분의 인성(人性)이 이를 금하신 적도 없지요. 신학
　　　　자들이 이르듯이, 웃음이란 인간에게 고유한 것이기
　　　　때문이지요.
호르헤: 사람의 아들은 웃을 수도 있었소만, 그분이 웃으셨
　　　　다는 기록은 없습니다.
윌리엄: 따라서 로렌초 성인은, 비록 원수를 능멸하기 위함이
　　　　었어도 웃을 줄 아셨고, 우스갯소리를 하실 줄 아셨
　　　　음이라.
호르헤: 거 보세요. 웃음이라고 하는 것은, 육체의 파멸에 아
　　　　주 가깝게 있는 것이 아닌가요?

　그래서 호르헤는 아리스토텔레스의 책을 수도사들이 읽어
서도 안 되고, 그 책이 세상으로 나가서도 안 된다고 믿는다.
그는 이 책을 읽는 수도사들이 웃음에 탐닉하는 것을 막기
위해 책장에 독약을 묻혔다. 때문에 손가락에 침을 묻혀 책장
을 넘기던 수도사들이 연이어 변사했던 것이다.
　연쇄 살인사건을 조사하던 윌리엄은 살해당한 사람들의
공통점이 장서관에 숨겨둔 책에 접근하려 했다는 사실을 알
아낸다. 미궁 같은 장서관을 뒤지던 윌리엄과 아드소가 비밀
스러운 마지막 방 '아프리카의 끝'에서 호르헤와 마주치면서

소설은 절정을 맞는다. 호르헤는 자기가 수도원장을 죽였다고 고백한다. 수도원장이 이곳의 수수께끼에 대한 설명을 요구하며 '아프리카의 끝' 방을 열라고 요구했기 때문이라고 했다. 호르헤는 윌리엄이 곧 자신의 정체를 밝혀낼 것이라고 생각했으며, 그래서 기다리고 있었다고 말한다. 호르헤는 자신만 읽고는 감춰두었던 책이 아리스토텔레스의 『시학』 제2권이었음을 고백하고는 그 책을 윌리엄에게 넘겨준다.

웃음을 그토록
두려워한 이유
———

왜 아리스토텔레스의 책이 읽히는 것을 그렇게 두려워했느냐는 윌리엄의 물음에 호르헤는 이렇게 답한다.

"아리스토텔레스의 책은 하나같이 기독교가 수 세기에 걸쳐 축적했던 지식의 일부를 먹어 들어갔소. (……) 이 서책이 공공연한 해석의 대상이 되는 날 우리는 하느님께서 그어놓으신 마지막 경계를 기어이 넘게 되고 말 것이오."

그는 또 이렇게 말했다.

"웃음은 허약함, 부패, 우리 육신의 어리석음을 드러내는 것
에 지나지 않아요."

이 책을 읽으면 웃음이 인간의 목적인 양 오인하게 된다.
웃음은 우리를 잠시 동안 두려움에서 벗어나게 하지만, 우리
죄 많은 인생이 두려움에서 해방되고 나면 우리는 뭐가 되겠
느냐고 호르헤는 묻는다. 그러니 이 책을 그대로 두면 이 땅
의 환락경만으로도 천국을 누릴 수 있다는 해괴한 사상이 퍼
질 것이라고 호르헤는 주장한다.

그러나 윌리엄은 호르헤를 향해 외친다. 그는 호르헤의 위
험한 생각을 받아들일 수 없었다.

"악마라고 하는 것은 영혼의 교만, 미소를 모르는 신앙, 의혹
의 여지가 없다고 믿는 진리 (……) 이런 게 바로 악마야!"

"프란치스코 성인께서는 만물을 다른 각도에서 바라보라고
대중에게 가르치셨으나, 영감은 이 경계를 몰라."

윌리엄이 다시 책을 빼앗으려 하자, 호르헤는 책장을 찢어 입 안에 마구 쑤셔 넣는다. 그러고는 등불을 꺼버리고 몸을 숨긴다. 하지만 책장에 묻어 있던 독이 몸에 퍼지면서 그는 괴로워하며 죽어간다. 윌리엄이 책을 빼앗으려 달려들자 호르헤는 책을 집어던지더니 그 위에 등잔불을 던진다. 순식간에 불길이 번지면서 장서관을 태웠고, 아리스토텔레스의 『시학』 제2권은 불덩어리가 되어버린다. 불길은 장서관을 불태운 데 이어 교회를 잿더미로 만들어버린다.

진리라는 속박에서 벗어나는 것이
진정한 진리

불타버린 교회를 보면서 윌리엄은 아드소에게 말한다.

"오늘 우리는 가짜 그리스도의 얼굴을 보았다."

'가짜 그리스도'가 누구냐고 아드소가 묻자, 윌리엄은 자세히 설명한다.

"호르헤 영감의 얼굴 말이다. 철학에 대한 증오로 일그러진 그의 얼굴에서 나는 처음으로 가짜 그리스도의 얼굴을 보았다. 가짜 그리스도는, 그 사자(使者)가 그랬듯이 유대 족속에서 나오는 것도 아니고 먼 이방 족속에서 나오는 것도 아니다. 잘 들어두어라. 가짜 그리스도는 지나친 믿음에서 나올 수도 있고, 하느님이나 진리에 대한 지나친 사랑에서 나올 수도 있는 것이다. 성자 중에서 이단자가 나오고 선견자 중에서 신들린 무당이 나오듯이. 아드소, 선지자를 두렵게 여겨라. 그리고 진리를 위해서 죽을 수 있는 자를 경계하여라. 진리를 위해 죽을 수 있는 자는 대체로 많은 사람을 저와 함께 죽게 하거나, 때로는 저보다 먼저, 때로는 저 대신 죽게 하는 법이다."

하느님의 진리에 대한 지나친 믿음에 사로잡혀 사람들을 죽어가게 만든 호르헤는 '가짜 그리스도'였다. 윌리엄은 진리를 과신하며 진리를 위해 죽는 자를 경계하라고 했다.

"호르헤가 아리스토텔레스의 서책을 두려워한 것은, 이 책이 능히 모든 진리의 얼굴을 일그러뜨리는 방법을 가르침으로써 우리를 망령의 노예가 되지 않게 해줄 수 있어 보였기 때문이다. 인류를 사랑하는 사람의 할 일은, 사람들로 하여금 진리를 비웃게 하고, 진리로 하여금 웃게 하는 것일 듯하구나. 진리에 대한 지나친 집착에서 우리 자신을 해방시키는 일. 이것이야말로 우리가 좇아야 할 궁극적인 진리가 아니겠느냐?"

윌리엄은 절대적 진리에 대한 지나친 집착을 경계했다. 진리에 대한 집착에서 스스로를 해방시키는 일, 그것이야말로 참된 진리인 것이다. 진리의 역사에는 발전이나 진보가 있을 수 없고 불변의 진리만이 있을 뿐이라고 믿었던 호르헤. 그는 수도사의 의무는 하느님의 지식을 새롭게 '탐구'하는 것이 아니라 '보존'하는 것이라고 생각했다. 하느님이 만들어놓은 진리를 절대적으로 신봉해야 하고, 우리는 그것을 손대서는 안 된다. 수도원 연쇄 살인사건은 진리에 대한 맹신이 낳은 비극적인 파멸이었다.

이 소설의 배경이 된 14세기 전반기는 중세에서 근대로 넘어가는 과도기다. 사건의 발단은 중세적 관점에서 다루어지지만 합리적 사고와 이성을 가진 윌리엄 수도사가 사건을 파헤친다. 호르헤는 중세의 종교적 인간, 윌리엄은 근대의 이성적 인간을 상징한다. 잿더미가 된 수도원의 파국은 신 중심의 중세적 사고가 근대적 이성에 의해 무너지는 모습을 상징한다.

그런데 이 소설에서 '장미'는 무엇이었을까? 에코는 '장미의 이름'이라는 제목의 의미에 대해서 끝까지 설명하지 않는다.

> 화자(話者)는 자기 작품을 해석해서는 안 된다. 해석하고 싶
> 다면 처음부터 소설을 쓰지 말 일이다. 소설이라는 것은 수많은
> 해석을 발생시키는 기계이기 때문이다. (『장미의 이름 작가 노트』)

"소설가가 누릴 수 있는 가장 으뜸가는 위안은, 자신은 전
혀 의식하지 못하고 썼는데도 불구하고 독자의 이해를 통해
전혀 다른 독법(讀法)을 발견하게 되는 일"이라며, 에코는 "작
품이 끝나면 작가는 죽어야 한다. 죽음으로써 그 작품의 해석
을 가로막지 않아야 한다"라고 말했다. 또 제목은 독자들의
생각을 열어놓는 것이어야지, 독자의 사고를 제한하는 것이
어서는 안 된다고 생각했다. 장미의 상징적인 의미는 너무나
풍부하기 때문에, 독자들은 하나의 해석만을 선택할 수 없다.

소설은 이런 문장으로 끝난다. "지난날의 장미는 이제 그
이름뿐, 우리에게 남은 것은 그 덧없는 이름뿐." 12세기 수도
사 베르나르의 시 「속세의 능멸에 대하여」에 나오는 구절인
데, 나는 여기서 장미를 '진리'로 해석한다. 시간이 지나고 나
면 진리 역시 이름만 남는 그 덧없음에 대한 이야기로 말이다.

진리란 끊임없이
의심해야 하는 것
―

에코는 『장미의 이름』에서 진리에 대한 질문을 던지고 있다. 우리가 진리를 찾고자 하는 이유는 거짓을 가려내고 참됨을 추구하는 삶을 살기 위한 것이다. 문제는 무엇이 진리인가를 찾는 것이 그리 쉽지 않다는 점이다. 참된 진리라 함은 누구나 인정할 수 있는 보편적이고 변하지 않는 사실을 가리킬 것이다. 그런데 시간과 공간을 초월하여 그렇게 지속될 수 있는 진리가 얼마나 될까.

물론 시간이 지나도 변하지 않을 과학적 법칙은 절대적인 진리일 수 있다. 과학에는 정답이 하나밖에 없기 때문에 세월이 지난다고 해서 진리가 달라지는 것은 아니다. 하지만 가치와 평가에 따라 여러 가지 답이 가능한 사회와 역사에서는 얘기가 다르다. 어떤 사회에서 인정받는 진리도 어디까지나 그 시대에 구속되는 성격을 가진다. 어제의 진리가 오늘의 진리는 아니듯이, 오늘의 진리가 내일도 진리일 것이라고 장담할 수 없다.

중세에 지동설을 주장했다가 종교재판을 받았던 갈릴레오 갈릴레이의 경우도 시대에 따라 참과 거짓이 뒤바뀐 사례다. 갈릴레이는 교회의 경고를 어기고 코페르니쿠스적 주장을 따르는 입장을 보였다. 코페르니쿠스의 이론을 받아들인다는 것은 지구가 우주의 중심이 아님을 인정하는 것이고, 신이 인간을 위해 우주를 창조한 것이 아닐지 모른다는 의심을 하는 것이다.

결국 갈릴레이는 종교재판소에서 자신의 주장을 철회하고 반성하는 태도를 보이지만, 종교재판소는 갈릴레이의 견해를 이단으로 규정하고 그에게 구금 선고를 내렸다. 그러나 그로부터 346년 뒤인 1979년에 교황청은 갈릴레이 재판이 잘못되었음을 인정하고 공식 사과했다. 이렇듯 한 시대의 진리는 그 시대를 넘지 못한다.

의심받지 않을 진리란 없다. 우리는 진리라고 불리는 것에 대해서도 끊임없이 의심하고 질문해야 한다. 하나의 진리만이 절대적인 것이라고 추앙하고 반론을 허용하지 않는 사회는 결코 진보할 수 없다. 한 사회에서 진리가 하나여야만 할 이유도 없다. 저마다의 진리가 있는 것이고 여러 개의 진리가 공존할 수 있다. 우리는 복수의 진리를 인정하고 존중하며 관용을 베풀 필요가 있다.

그런데 그것이 말처럼 쉬운 일은 아니다. 역사가 말해주듯이, 진리라고 일컬어지는 것들은 대개 권력이나 숫자에 민감하다. 한 사회에서 진리는 권력이나 다수의 힘을 기반으로 하여 성립하는 경우가 많다. 그래서 그 사회의 주류가 진리라고 말하는 것에 대해 질문을 던지는 것은 쉽지 않다. 이념을 불문하고, 자신들이 생각하는 진리를 의심하는 사람은 이단자 취급을 받기 일쑤다.

나는 살아오면서 언제나 비주류였다. 독재권력 시대에는 그에 맞서는 것이 진리를 구현하는 것이라 생각하고 그 길을 갔다. 시간이 흐른 뒤 민주권력의 시대도 왔다. 하지만 질문을 접지 않았다. 거기에서조차 내가 꿈꾸었던 것과는 다른 그늘을 보았기 때문이다. 그늘은 그늘이라고 말해야 했다. 하지만 질문을 하는 사람을 이단자로 낙인찍는 것은 어느 시대나 크게 다르지 않다. 그래서 나는 언제나 변방의 비주류로 배회할 뿐이다.

『장미의 이름』에서 수도원장이 윌리엄에게 "진리는 어디에 있답니까?"라고 물었다. 윌리엄은 이렇게 대답했다.

"진리는, 때로 없을 수도 있습니다."

우리 시대에 진리라는 것은 과연 있는 것일까. 내가 그렇게도 찾던 진리는 현실에서 찾을 수 있는 것일까. 여전히 그 답을 찾지 못한다면 나의 유목민 같은 삶은 계속될 수밖에 없을 것이다.

11

사유하는
정치적 삶

– 한나 아렌트, 『인간의 조건』

"인간은 아무것도 하고 있지않을 때 그 어느 때보다 활동적이며,
혼자 있을 때 가장 덜 외롭다."

인간의 미래는 과연 희망이 있는 것일까. 홀로코스트는 20세기를 어둠과 죽음의 시대로 만들었다. 1933년부터 12년에 걸쳐 1100만 명에 이르는 민간인과 유대인, 전쟁포로들이 나치 정권에 의해 짐승처럼 열차에 실려가 가스실에서 죽어갔다. 가스실에 흘러나오던 바그너의 〈순례자의 합창〉을 들으며. 그렇게 인간을 유린하는 것은 언제나 인간이었다.

전쟁과 학살 속에서 잃었던 사랑을 우리는 이제라도 되찾을 수 있을까. 하지만 이제는 모두가 각자의 생존을 위한 경쟁에 매달려 있을 뿐 다른 사람들을 바라보지 않는다. 정치는 만인 간의 투쟁을 해결하지 못한 채 또 다른 갈등의 온상이 되어버렸다. 우리 인간은 다시 시작할 수 있는 것일까. 그런 우울한 생각에 빠져 있을 때 한 줄기 희망의 빛을 만났으니, 바로 한나 아렌트였다.

나를 넘어
세계사랑으로

아렌트는 죽음의 전체주의 시대를 직접 겪었던 정치사상가다. 유대인으로 태어난 그녀는 전체주의라는 근본악을 직접 경험하면서, 오늘의 인간 조건을 극복하기 위한 사유의 삶을 살았다.

유대인이라는 이유로 국적 없이 떠돌아야 했던 아렌트의 '뿌리 잃은' 삶은 그녀의 정치적 사유에 그대로 녹아 있다. 아렌트는 독일에서 박사학위 논문을 썼지만 유대인이라는 이유로 대학에서 강의를 할 수가 없었다. 유대인 박해가 점차 심해지던 독일에서 시온주의자들을 위해 활동하다 체포되어 조사를 받은 뒤 프랑스로 망명했다. 그녀는 프랑스에서도 유대계 망명자들을 돕는 일을 했다. 하지만 2차 세계대전 중 독일군이 프랑스 일부를 점령하면서 수용소에 갇혔다가 미국으로 망명했다. 그 뒤에야 아렌트는 미국 시민권을 얻고 대학에서 강의할 수 있게 되었다.

그녀는 이처럼 '고향 상실', '뿌리 상실'의 오랜 시간을 겪었기에 근대의 병리현상인 뿌리 잃은 사람들의 문제를 제기한다. 또한 자신의 삶에 결정적 영향을 미쳤던 전체주의가 인간을 어떻게 파괴하는가를 목격하고, 전체주의로 인한 인간성 상실에 대해 천착한다. 죽음의 시대 한복판을 살았던 삶이지만, 아렌트는 그 암울한 시대 속에서도 진리를 찾으려는 희망의 사유를 찾는다.

아렌트는 나치 독일을 떠난 지 18년이 지난 후인 45세가 되어서야 비로소 사회적으로 인정받게 되었다. 특히 미국에 정착하면서 정치사상가, 정치철학자로서 수많은 저작을 내놓으며 세계적인 명성을 얻었다.

시간이 지나면서 그녀의 연구 주제는 초점을 옮겨간다. 젊은 시절에는 선악의 문제에 관심을 가졌고, 첫 책인『아우구스티누스의 사랑 개념』에서 절대선의 문제를 다루었다. 그 뒤『전체주의의 기원』(1951)에서는 근본적인 제도적 악을 탐구했으며,『예루살렘의 아이히만』(1963)에서는 일상적인 개인의 악을 연구했다.『인간의 조건』(1958)에서 근대의 병리를 극복하기 위한 정치적 삶을 말하던 그녀는, 후기에 들어 '사유하는 삶'에 대해 관심을 가지고『정신의 삶: 사유』(1978)를 썼다.

한마디로 말하면, 근대의 인간은 각자의 생존과 안락한 삶에만 매달려 정치적인 것을 잃어버리고 인간성의 상실을 초래했다. 인간들이 함께 살고 있는 이 세계에서의 '정치적 삶'을 통해 '세계사랑(Amor mundi)'을 실현하자는 것이 아렌트의 저작을 관통하는 생각이다.

인간다운 삶은
어떻게 가능한가
—

『인간의 조건』은 제목 때문에 인간 본성에 관한 책일 것으로 생각했다가 막상 읽기 시작하면서 당황하는 사람이 많다. 아렌트는 "인간 조건은 인간 본성과 다르다"는 점을 분명히 하고 있다. 이 제목에서 말하는 인간의 조건은 '인간은 조건 지어진 존재'라는 의미다. 아렌트는 삶 – 세계성 – 다원성이라는 세 가지 조건을 전제하고 그에 상응하는 인간 활동의 본질이 무엇인가를 탐구한다. 이 세 가지 조건에 상응하는 인간의 세 가지 활동은 노동(labor) – 작업(work) – 행위(action)다. 그런데 생존과 욕구 충족을 위한 '노동', 안락하고 편안한 생활을 위한 '작업'만으로는 인간성을 실현하지 못한다. 인간다운 삶을 가능하게 하는 것이 '행위'로, 이는 정치적 활동을 의미한다.

그런데 근대에 들어서서 인간 활동은 노동과 작업만 남고, 행위는 사라져서 '정치적인 것'의 쇠퇴를 낳았다. 아렌트는 이를 "노동하는 동물의 승리"라고 표현했다. 이는 인간이 생존만을 최고의 가치로 삼은 결과로, 이로써 사적 영역이 공적 영역을 차지하게 되었고 그 결과 자유를 말하는 사람이 없게 되었다.

그래서 아렌트는 '행위'를 통한 정치적인 것의 부활, 그리고 정치적 사유 능력과 실천 능력의 복원이 인간다운 삶의 조건이라고 호소했다. 복수(複數)의 인간들이 함께 사는 세계에서 '정치적인 것'의 복원을 강조한 아렌트의 생각은, 배타적 자아에 갇혔던 서양 정치철학의 전통을 전환시킨 의미를 가진다.

아렌트는 전체주의를 경험하면서 '근대의 병리성'을 목격하게 된다. 『전체주의의 기원』은 2차 세계대전 이후 전체주의적 요소가 다시 나타나는 시대에 대한 진단이다. 그녀는 이 책의 서문에서 "3차 세계대전을 예견하는 이 순간은 모든 희망이 사라진 후의 적막과 비슷하다"며 "많은 사람이 고향을 잃고 뿌리를 상실한 사건이 전례 없이 대대적인 규모와 가늠할 수 없는 깊이로 전개되고 있는 것"이라고 말한다. 아렌트가 말하는 '근대의 병리성'은 '뿌리 상실'이다. 근대에 들어와 정치는 위축되고 인간성이 상실되면서, 사람들은 자기가 사는 세계에 귀속되지 못하는 '잉여'로 살아가게 되었다.

여기서 아렌트는 자유로서의 '탄생'의 의미를 갖는 '새로운 시작'을 말한다. 젊은 시절 『아우구스티누스의 사랑 개념』을 쓰면서 신학적·세속적 차원의 새로운 시작을 말했던 아렌트는 전체주의를 경험한 이후 '새로운 시작'을 정치적 개념으로 정립한다.

그러나 역사에서 모든 종말은 반드시 새로운 시작을 포함한다는 진리도 그대로 유효하다. 이 시작은 끝이 줄 수 있는 약속이며 유일한 '메시지'다. 시작은, 그것이 역사적 사건이 되기 전에 인간이 가진 최상의 능력이다. 정치적으로 시작은 인간의 자유와 동일한 것이다. "시작이 있기 위해 인간이 창조되었다"라고 아우구스티누스는 말했다. 새로운 탄생이 이 시작을 보장한다. 실제로 모든 인간이 시작이다. (『전체주의의 기원』)

아렌트는 모든 희망이 사라진 시대의 암울한 현실을 진단하면서도, 개인의 이익이나 생존보다 세계를 더 배려하는 '세계사랑(Amor mundi)'을 말한다. "인간 세계는 언제나 세계에 대한 사랑의 산물이었다." 그래서 "세계는 항상 사막이지만, 새롭게 시작하기 위해서는 새로 시작하는 사람을 필요로 한다"며 우리에게 '새로운 시작'을 주문했던 것이다.

사유하지 않을 때 생기는
참혹한 결과
———

아렌트는 『인간의 조건』에서 관조적 삶이 아닌 활동적 삶을 강조했다. 활동적 삶이란 곧 정치적 삶이다. 아렌트는 말기의 저작에서 그러한 삶을 위한 새로운 시작을 정신적 사유로부터 찾고 있다. 『정신의 삶: 사유』(1978)가 출간되었을 때 많은 사람은 전작들과 비교하면 놀라울 정도로 비정치적이라는 반응을 보였다. 그래서 이전 저작들과의 단절이 아니냐는 해석도 있었다. 하지만 인간의 활동적 삶을 말하던 아렌트가 정신적 삶으로 관심이 이동한 것은 단절이 아닌 연속성의 의미를 갖는 것이었다.

나치 독일에서 유대인 학살에 앞장섰으며, 독일이 항복한 후 아르헨티나로 도주했던 아돌프 아이히만이 이스라엘 비밀경찰에 체포되어 예루살렘에서 재판을 받게 되었을 때 아렌트는 직접 재판을 참관한다. 그리고 『예루살렘의 아이히만』을 집필한다. 아렌트가 본 아이히만은 어떤 특별한 인물이 아니었다. 말도 잘 못하고 생각도 없는 그를 보면서 아렌트는 '악의 평범성(banality of evil)'을 발견한다. "아이히만이 그 시대의 엄청난 범죄자 중 한 사람이 된 것은 순전한 무사유(無思惟)

때문"이라는 것이 아렌트가 내린 결론이었다. 아이히만은 자신의 죄에 대해 생각할 아무런 능력이 없었다. 여기서 아렌트의 관심은 아이히만 개인이 아니라 인간 자체에 대한 것이었다. 『인간의 조건』에서 인간의 정치적 삶을 말했던 아렌트는 『예루살렘의 아이히만』에서 무사유의 인간이 가져오는 참혹한 결과에 주목했고, 이후 인간다운 삶을 위한 사유의 세계를 말하게 된다. 아렌트의 마지막 저작 『정신의 삶』은 정치적 삶과 정신적 삶을 연결하고자 하는 시도였다.

1부 '사유', 2부 '의지', 3부 '판단'으로 기획되었던 『정신의 삶』은 아렌트가 급작스럽게 사망하면서 미완성으로 끝나고 만다. 그럼에도 우리는 이전 저작들로부터 『정신의 삶』에 이르기까지, 개인의 사유 세계에 관한 아렌트의 관심을 일관되게 읽을 수 있다. 그녀가 말한 정치적 삶은 내면의 정신적 삶을 거쳐 만들어지는 것이었다. 이 얘기를 음미해보자.

고독한 사람은 혼자이며 그래서 "자기와 함께 있을 수 있는" 사람이다. 인간은 "자신과 이야기할 수 있는" 능력을 가지고 있기 때문이다. 달리 말하면 나는 고독 속에서 나 자신과 함께 "나 혼자" 있으며, 그러므로 한 사람 — 안에 — 두 사람인 반면, 외로움 속에서 나는 다른 모든 사람에게 버림받고 실제로 혼자 있는 것이다. 엄격히 말해 모든 사유는 고독 속에서 이루어지며, 나와 나 자신의 대화이다. 그러나 한 사람 — 안의 — 두 사람이 전개하는 대화는 같은 인간들과의 접점을 잃지 않는다. 내가 사유의 대화를 함께 이어가는 동료 인간들이 이미 나 자신 속에 들어와 있기 때문이다. (『전체주의의 기원』)

아렌트가 말하는 '한 사람 — 안의 — 두 사람'의 사유의 대화는 '나'와 '자아' 사이의 대화다. 아렌트의 이 같은 생각은 소크라테스에서 기원한다. 소크라테스는 타인과 함께 사는 일은 자신과 함께 사는 것에서 시작한다고 생각했다. 소크라테스가 주는 교훈은 자기 자신과 더불어 살 줄 아는 사람만이 다른 사람들과 살아갈 수 있다는 것이다. 자아는 내가 헤어질 수 없고, 내가 떠날 수 없으며, 나와 함께 밀착된 유일한 인격체다. 그러므로 "하나가 되기 위해 나 자신과 불일치하는 것보다는 전 세계와 불일치하는 것이 훨씬 더 낫다." (『정치의 약속』)

마지막에 인용된 "하나가 되기 위해 나 자신과 불일치하는 것보다는 전 세계와 불일치하는 것이 훨씬 더 낫다"는 말은 플라톤이 『고르기아스』에서 전하는 소크라테스의 말이다. 그러니까 소크라테스는 인간은 자기 자신과 모순되어서는 안 되며, 자기 자신과 모순적인 사람은 믿을 수 없다고 생각한 것이다. 앎과 삶의 일치를 추구했던 소크라테스를 생각하면 이해가 될 것이다. 아렌트는 소크라테스가 긴박하고 끝없이 경쟁해야 하는 폴리스의 삶에서 아테네의 시민들을 친구로 만들고자 설득했던 철학자였다고 높이 평가한다. 모두가 생존의 경쟁에 매달리는 오늘날, 타인과의 사랑을 복원하기 위한 활동적 삶을 말했던 아렌트는 소크라테스와 닮은꼴이다.

아렌트는 『인간의 조건』 마지막 문장과 『정신의 삶』 첫 문장에서 반복해서 로마 철학자 카토의 말을 인용하고 있다.

인간은 자신이 아무것도 하고 있지 않을 때 그 어느 때보다 활동적이며, 혼자 있을 때 가장 덜 외롭다.

인간이 혼자 고독 속에서 하는 사유는 결국 활동적인 삶으로 연결된다는 의미다.

아이히만 재판을 통해 무사유의 위험성을 인식한 아렌트는 "사람들은 무사유가 일상화된 곳에서는 고찰을 통해 비판하는 계기를 갖지 못한다"라고 말한다. 오직 사유하는 사람만이 기존의 질서에 무조건 순응하지 않고 새로운 규칙을 제시할 수 있다는 얘기다.

사유한다는 말은 항상 비판적으로 생각한다는 뜻이고, 비판적으로 사유하는 것은 늘 적대적인 태도를 취하는 것이다. (『한나 아렌트의 말: 정치적인 것에 대한 마지막 인터뷰』)

그러니 사유는 비판이고 행동이 된다.

우리는 다시
시작할 수 있다
—

아렌트 사상의 밑바탕에는 인간에 대한 따뜻한 사랑을 간직한 인간주의가 흐른다. 아렌트 사상의 입구와 출구는 사랑이었다. 젊은 시절에 가졌던 인간에 대한 신학적 사랑의 관심은 그 이후 세계사랑이라는 정치적 사랑의 개념으로 발전했다. 그것은 개인의 이익이나 생존보다 다른 사람들과 함께 살아가는 세계를 더 배려한다는 것이다. 따라서 세계사랑의 결실은 우리 모두의 인간다운 삶에 기여하는 것이다. 개인의 자족적 삶을 넘어 인간 공동체를 위한 삶을 주문하는 아렌트의 생각은 '오늘 이곳에서 우리의' 삶에도 의미 있게 다가온다.

아렌트 이전의 서양 철학이 "나는 누구인가"에 대한 답을 찾으려 했다면, 아렌트는 복수의 인간들이 사는 세계에서 "나는 무엇을 할 것인가"에 대한 답을 찾으려 했다. 그런 점에서 아렌트는 자신을 철학자라고 부르는 것을 거부했다. 아렌트는 "사유하는 존재로서의 인간과 행위하는 존재로서의 인간 사이에는 자연철학에는 존재하지 않는 긴장"이 있다며 철학과 정치 사이에는 불가피한 긴장 상태가 존재한다고 말했다. 그녀는 철학이 아니라 정치를 말했던, 가장 정치적인 사상가였다. 그래서 아렌트는 관조적 삶이 아닌 활동적이고 정치적인 삶을 살 것을 우리에게 주문했던 것이다.

아렌트가 지켜본 세상은 암울했다. 전체주의는 1945년에 무너졌지만 그 잔재는 다시 살아나고 있다. 뿌리 뽑힌 인간들이 잉여로 살아가고 있지만, 사람들은 자기 생존에만 매달린 채 정치를 잊고 있다. 그것은 사막과도 같다. 하지만 우리가 정치적 삶을 되찾는다면 인간성을 회복할 수 있다는 희망을 아렌트는 놓지 않았다.

그 점에서 보면 2017년 한국 사회가 성취한 촛불시민 혁명은 아렌트가 말한 세계사랑으로 가는 이정표 같은 역사적 사건이다. 시민들은 자기만을 생각하는 '노동하는 동물'로 갇혀 있지 않았고, 낡고 부패한 권력을 무너뜨리고 새로운 나라를 만들기 위해 일어섰다. 그것은 아렌트가 말한 행위, 즉 정치의 복원을 통해 우리 사회의 인간성을 회복하려는 시민들의 결단이었다. 활동적 삶과 정치적 삶, 사막을 바꾸려는 '새로운 시작'을 시민들은 보여주었다. 그리하여 우리는 자유를 얻었다.

하지만 정치적 삶에는 그늘도 있다. 정치적 삶이 또 다른 구속을 초래하기도 한다. 정치에 과잉 몰입되어 인간이 피폐해지는 모습이 그것이다. 아렌트가 말한 정치는 다원적 인간들 사이에서의 다양성을 전제로 한 의사소통 행위다. 생각의 다양성을 인정하지 않고 정치의 영역을 적대와 증오의 감정으로 덮어버리는 모습은 아렌트가 꿈꾸었던 정치적 삶과는 거리가 멀다. 거기서는 아렌트가 말한 정치적 삶의 요체인 사랑은 거세되고 만다. 다시 정치는 사막이 되고 만다.

그러한 새로운 병리 현상을 해결할 수 있는 답을 아렌트가 말한 정신의 삶을 통해 찾을 수 있다. 인간은 내면의 사유와 의지를 통해 외부 세계를 자기 자신 속으로 끌어들인다. 그리하여 정신의 내면성과 외부 세계의 통합이 가능해진다. 서로가 자기 이익을 넘어 초연한 사랑으로 대화할 수 있을 때 새로운 시작을 만들어내는 우리의 삶이 가능해진다. 내면의 사유와 정신적 삶을 배제한, 그래서 사랑이 거세된 정치적 삶은 종종 개인의 심성을 파괴하고 만다. 자기 이익만을 위한 정치를 통해서는 정치적 삶을 살 수 없다. 세계사랑으로 돌아갈 때 새로운 시작이 가능하다. 오늘 우리의 일이다.

12

나를 배려하는
기술

— 미셸 푸코, 「주체의 해석학」

"내가 너에게 말하는 진실을 나는 내 안에서 본다."

세상과 나의 관계는 언제나 고민거리였다. 부조리한 세상을 바꿔야 한다고 마음먹은 이후 '세상'과 '나' 가운데 어느 것이 먼저인지를 스스로에게 묻고 또 물었다. 세상을 우선하면 이타주의이고, 나를 우선하면 이기주의라고 생각했던 시절이 있었다. 나를 먼저 생각한다는 것이 마치 죄를 짓는 듯한 마음이 들어 나 자신을 버리다시피 했던 기억이 있다. 그래서 세상을 위해서 나를 잊고 살기도 했지만, 나이가 들면서 나를 찾고 싶은 욕구는 강해져만 갔다. 마치 자신을 잃어버리기라도 한 듯이.

정신없이 살다가 나이를 먹어가면서 비로소 시선이 나에게로 향하는 현상은 나만이 아니라 많은 사람들의 경험이기도 할 것이다. 나의 자아, 그리고 세계와 어떤 관계를 맺을지에 대한 답을 찾는 것은 그리 쉬운 일은 아니었다. 그러한 정신사를 갖고 있던 나에게 미셸 푸코의 마지막 강의는 커다란

울림을 주었다.

『주체의 해석학』은 푸코가 그의 말년인 1981~1982년에 콜레주 드 프랑스에서 했던 강의를 모은 책이다. 푸코는 이전까지 다양한 사회적 기구에 대한 비판, 특히 정신의학, 의학, 감옥의 체계에 대한 비판을 해왔다. 특히 잘 알려진 『감시와 처벌』을 비롯한 1970년대의 저술들은 권력의 문제를 지배 - 피지배의 관점에서 다루어왔다. 그러던 푸코는 1980년대 들어서면서 '윤리적 주체'의 문제에 관심을 가진다. 우리가 권력 관계로부터 자유로워지기 위해서는, 자기 점검과 자기 수련을 거쳐 만들어진 '윤리적 주체'에 의한 새로운 실천이 필요하다고 본 것이다. 그래서 푸코가 생애 마지막 3년 동안 강의에서 집중한 것은 주체와 진실의 관계에 관한 것이었다.

푸코는 먼저 '자기 배려' 개념을 출발점으로 제시한다. 푸코에 따르면 "자기 배려는 자기 자신에 대한 배려이고, 자기 자신을 돌보는 행위이며, 자기 자신에 몰두하는 행위"다. 그는 자기 배려의 개념을 이해하기 위해 '너 자신을 알라'는 고대 그리스의 격언에 대해 설명한다. 델포이의 아폴로 신전 입구에 새겨진 '너 자신을 알라'는 말은 철학적 의미를 담은 것이 아니었다. 신의 견해를 들으러 온 사람들로 하여금 미리 생각하여 적절한 수의 질문만 하라는 말이었다. 그러니까 결코 도를 넘어서거나 지나침이 있어서는 안 됨을 사람들에게 당부하는 의미였던 것이다.

푸코는 소크라테스에게 항상 따라다니는 '너 자신을 알라'는 격언이 자기 배려와 연결된다고 설명한다. 요컨대 자신을 망각하지 말고 돌보며 배려하라는 말로 푸코는 해석한다. 그래서 푸코가 말하는 자기 배려는 소크라테스가 인용했던 '너 자신을 알라'는 격언과 연결되어 있다.

시선을 내부로 돌려
나에게 집중할 것
—

푸코에 따르면 자기 배려에는 세 종류가 있다. 첫째, 자기 자신과 타인, 그리고 세계에 대한 보편적 태도다. 여기에는 사물을 고려하는 방식, 세상에서 처신하는 방식, 행동하는 방식, 타인과의 관계를 설정하는 방식 등이 포함된다. 그러니까 자기 외부에 있는 타인들 혹은 세상과 관계 맺는 방식을 의미한다.

둘째, 시선의 이동이다. 자기 자신을 배려한다는 것은 시선을 외부로부터 '내부'로 이동시키는 것을 의미한다. 즉 외부와 타인, 바깥 세계로 향해 있던 시선을 자기 자신에게 돌리라는 것이다. 나의 시선이 외부로 향해 있으면 많은 것들과 부딪히게 된다. 타인에 대한 호기심, 미움, 경쟁심, 질투, 욕망 같은 것들에 관심이 가게 되고, 그러한 상황에서는 나 자신에게 집중하기 어렵다. 시선을 나의 내부로 이동한다는 것은 시선을 분산시키는 많은 것들로부터 눈을 돌려 나에게로 집중한다는 것을 의미한다. 그래서 자기 배려는 나에 대한 집중이다.

셋째, 자신을 향해 행하는 여러 가지 행위를 가리킨다. 이 행동들을 통해 인간은 자신을 변형하고 정화하며 변모시킨다. 젊은이들에게 자기 자신을 돌보라고 설교한 소크라테스 이래로 그리스·헬레니즘·로마 시대의 철학뿐 아니라 기독교 신앙생활에 이르기까지, 자기 배려를 중시했던 긴 역사가 있었다고 푸코는 돌아본다. 개인들은 자기 수련을 위해 다양한 기술을 사용한다. 명상, 독서와 글쓰기, 영적인 서신 교환, 자기의식에 대한 성찰과 점검, 자기 실천 등이 그런 것들이다. 개인은 이런 기술을 통해 자기를 수련하는 것이 가능해진다.

그 가운데 독서는 명상의 계기를 부여한다. 명상의 시간을 갖는 것이 독서의 목표다. '명상'이란 사유의 자기화 훈련을 의미한다. 이를 거쳐 개인은 진실을 사유하는 주체가 되고 다시 적절히 행동하는 주체가 된다. "자신의 사유를 수중에 간직하기 위해서는 그것을 써서 기록하고 자기 자신을 위해 그것을 독서해야 한다"는 에픽테토스의 말을 푸코는 인용한다. 역시 훈련이며 명상의 요소인 글쓰기에 의해서 독서는 연장되고 자신을 재강화하고 재활성화한다.

고대인들이 던졌던 질문은 "나는 누구인가?"가 아니라, "나는 나를 무엇으로 만들어야 하는가?"였음을 푸코는 강조한다. 그들이 물었던 것은 단지 자기를 인식하는 정체성의 문제가 아니라 실천해야 할 행동의 문제였다. 고대인들의 그런 질문은 말과 사유가 아니라, 자신을 변형시키는 행동이 중요하다고 말하는 푸코와 맞닿아 있다.

인식이 아니라
변화가 중요하다
―

하지만 자기 배려의 정언은 '데카르트의 순간'에 의해 결정적으로 소거되었다고 푸코는 말한다. 푸코는 주체가 인식만으로도 진실에 도달할 수 있다고 이야기되는 순간을 바로 '데카르트의 순간'이라고 말한다. 코기토(cogito: 나는 생각한다)를 말한 데카르트에게는 인식하는 것이 전부이기에, 인식함으로써 모든 것이 끝나버리고 만다. 그 '데카르트의 순간' 이후로 '자기 배려'는 사라지고 '자기 인식'의 역사만 남게 되었다고 푸코는 비판한다.

그에 따르면 '데카르트의 순간'은 '너 자신을 알라'를 철학적으로 복권시키고, 반면에 자기 배려를 실격시키는 두 가지 방향으로 영향을 주었다. 그래서 진실의 역사에서 근대라는 시기는 오직 인식만이 진실에 접근할 수 있다는 생각이 지배하게 되고 말았다. 하지만 그와 달리 푸코에게 중요한 것은 단지 자신을 인식하는 것이 아니라 변화시키는 일이었다.

여기서 주체의 변형을 위해 푸코가 중요하게 말하는 개념이 '영성'이다. 영성은 진실에 접근하기 위해 주체가 스스로에게 행하는 탐구, 실천, 경험 전반을 가리킨다. 영성은 단순한 인식 행위만으로는 주체가 진실에 다가갈 수 없다고 전제한다. 진실에 도달할 권리를 갖기 위해서는 주체가 자기 자신을 변화시키고 변형하며 이동하고, 현재의 자기 자신과는 다르게 될 필요가 있다는 점을 전제한다. 진실은 그 자체로 주체를 구원할 수 없다. 주체가 스스로 자기 배려를 통해 자기 변형을 이루는, 진실과의 새로운 관계를 만들어야 한다.

파레시아,
진실을 말할 용기
———

　따라서 푸코의 자기 배려는 주체의 시선이 내부로 향하는 데서 끝나지 않는다. 주체는 자신을 변형시킴으로써 새로운 비판적 실천으로 나아가는 토대를 구축한다. 여기서 등장하는 개념이 '파레시아(parresia)'다.

　푸코는 1983년 캘리포니아 대학 버클리 캠퍼스 강의에서 파레시아에 대한 논의를 본격적으로 발전시킨다. 고대 그리스어인 '파레시아'는 '솔직히 말하기' 혹은 '진실을 말하는 용기'라는 뜻이다. 파레시아를 행하는 자인 파레시아시스트는 자신이 생각하는 것을 말하는 자다. 그는 모든 것을 말하고 아무것도 숨기지 않으며, 자신의 마음과 정신을 타인에게 활짝 열어 보인다.

　파레시아시스트는 자신이 진실을 말한다고 믿기 때문에 진실을 말하며, 진짜로 진실이기 때문에 그것을 진실이라고 믿는다. 따라서 파레시아에서는 신념과 진실이 일치한다. 또한 파레시아시스트는 위험을 감수하는 자다.

　정치적 논쟁에서 한 연사의 의견이 다수의 의견과 반대되거나 정치적 반감을 불러일으키고, 그 결과 인기를 잃을 위험이 있는 경우, 그는 파레시아를 행하는 것이 됩니다. 이처럼 파레시아는 위험에 맞서는 용기와 연관되어 있습니다. 파레시아는 위험에도 불구하고 진실을 말할 수 있는 용기입니다. (『담론과 진실』)

이러한 파레시아는 자기 배려가 비판적 행동으로부터 도피하여 이기주의와 안락함 속으로 침잠해 들어가는 것을 막아준다. 자기 배려가 집단적 도덕을 지탱할 수 없는 개인의 자폐 상태가 아니라 자아와의 관계를 새롭게 구축하는 방법이라면, 이 자기 배려의 시작은 바깥으로 표출되는 단호하고 솔직한 말의 반복, 즉 파레시아다. 결국 자기 배려를 통한 주체의 변화는 파레시아라는 용기 있는 실천을 통해 완성된다.

자기 배려를 통해
성숙한 실천으로
—

따라서 푸코의 자기 배려가 권력 비판을 포기하고 개인적 윤리의 장으로 피신했다는 해석은 잘못이다. 그는 자기 배려를 통해 변화된 주체가 자기와의 관계를 재정립하고 타자들과의 관계를 새로 구축하여, 파레시아라는 더 성숙한 실천으로 나아가는 길을 제시한 것이다. 푸코는 영혼과 용기를 강조한 소크라테스를 자기 배려와 파레시아의 완벽한 결합이라고 보았다.

소크라테스는 자기 배려의 인물이며 후세에도 길이 그렇게 남을 것이다.

푸코에 대한 방대한 전기인 디디에 에리봉의 『미셸 푸코, 1926~1984』에는 '자기 배려'에 대한 마지막 두 권에서 푸코의 글쓰기가 많이 변했다는 얘기가 나온다.

좀 더 조용하고 열정적이며 '침착'해졌다고 모리스 블랑쇼는 말했고, 훨씬 간결해졌다고 질 들뢰즈는 말했다. 거의 중성화되었다고 말하는 편이 좋겠다.

그 옛날의 '타는 듯한' 글쓰기, 불꽃같은 문체와는 거리가 멀어졌다며 이렇게 말한다.

아마도 다가오는 죽음이, 그리고 몇 달 후에 그것이 닥치리라는 예감이 푸코로 하여금 자신이 그렇게 열심히 읽었던 세네카의 '철학적 삶'을 따라 평온의 길을 택하게 했던 것 같다. 푸코는 자기 문체에 변화를 일으킬 만큼 고대의 지혜를 내면화한 것 같다. 작가의 문체는 결국 그 사람의 문체인 것이다.

젊었을 때 격정적이었던 사람도 나이가 들면서 자기를 돌보고 마음의 평온함을 찾고자 하는 경우를 자주 보게 된다. 그것을 세상으로부터의 후퇴나 철수라고 보면 단편적인 해석이다. 푸코가 말했던 '자기 배려'가 그것을 설명해준다. 푸코가 말년에 했던 말들은 그 역시도 그런 삶을 통과했음을 보여준다.

자기 돌봄은 진실하게
살기 위한 출발점
—

고대로부터 자기 배려의 역사를 찾았던 푸코의 이야기는 오늘 우리의 이야기이기도 하다. 자신의 영혼은 돌보지 않는 것이 부끄럽지 않느냐고 물었던 소크라테스나, 시선을 내면으로 돌려 자기를 돌봐야 한다고 말한 푸코의 이야기는 시대가 바뀌어도 변함이 없는 정언이다. 내면을 들여다보며 자신을 연마하는 일은 인간다운 삶이 가능한 세상을 모색하는 과정에서 기본이 되는 일이다. 좋은 사람이 좋은 세상을 만들 수 있다.

그럼에도 우리는 이를 간과한 채 그 시간을 놓치곤 한다. 여러 가지 이유가 있다. 우선 먹고살기 위한 생존과 경쟁에 파묻혀서 시선을 자기 내부로 돌리지 못하는 경우가 너무도 많다. 생존에 급급하여 자기 자신을 돌볼 시간을 제대로 갖지 못하게 된다. 하지만 나를 둘러싼 그러한 환경은 시간이 지난다고 해서 달라진다는 보장이 없다. 그렇게 잃어버린 나를 다시 찾을 기회가 영영 없을지 모른다. 미루지 말고 지금 나를 바라보지 않으면 안 된다.

자기 돌봄이 없는 삶은 내면의 성장을 제약하여 삶의 기초를 부실하게 만든다. 자기 수련의 과정에서는 단지 미래를 위해 유용한 인간이 되는 것만이 중요한 게 아니다. 개인으로 하여금 자신을 제약하는 환경과 평생 동안 싸울 수 있는 힘을 키우는 것이야말로 삶의 기초를 세우는 일이다. 진실된 주체로서의 자신을 만나는 것은 살아가는 힘을 키우는 일과 같다.

푸코가 말한 자기 배려를 통한 파레시아의 의미를 곰곰이 되새겨볼 필요가 있다. 수많은 사람들이 좋은 세상을 만들겠다고 나선다. 보수의 이념을 가진 사람들도 있고 진보의 이념을 가진 사람들도 있다. 고위 관리, 정치인, 교수, 언론인도 있다. 그런데 그 가운데는 자기 수양이 부족한 사람들도 적지 않다.

그들은 인간에 대한 기본적인 예의조차 갖추지 못한 채 거대한 담론을 외친다. 자식을 잃은 세월호 유가족들을 향해서 막말을 서슴지 않는다. 다른 생각을 가진 사람들을 향해 저주의 욕설을 퍼붓는다. 그런 사람들이 만들겠다는 세상은 도대체 어떤 것일까.

자기 배려의 노력이 없는 삶에서는 진실한 주체가 만들어질 수 없다. 그러한 주체가 쏟아내는 말은 진실성 없는 수사에 그칠 수밖에 없다. 자기 배려에 대한 강조가 단지 개인의 인격 수양을 의미하는 것이 아님을 이미 푸코가 충분히 설명해주고 있다. 자기 내면을 성찰하고 돌보며 채워나가는 일은, 세상을 향해 진실한 행동을 하기 위한 재출발점이다. 내가 채워져야 세상이 채워진다.

너무 오래 외부 세계만
바라보며 살았다

　　———

나이가 들어서야 자기 내부로 시선이 옮겨가는 것, 나도 그랬다. 세상을 바꾸겠다는 열정이 넘쳤던 젊은 시절, 자기를 돌보는 것은 미뤄두었다. 대의를 위해서는 그래야 한다고 믿었다. 그래서 인간으로서 채워야 할 감성과 생각을 건너뛴, 그래서 결핍된 인간이 될 수밖에 없었다. 정치에 대한 관심에 갇혀 살면서도 크게 다르지 않았다. 너무 오랜 세월 동안 외부 세계만 바라보며 살아왔다.

내가 뒤늦게 인문학을 공부하면서 이렇게 글을 쓰고 있는 것도, 그러한 결핍에 대한 반성의 결과다. 세상을 향한 나의 어떤 목소리도 내면에서의 자립적이고 반성적인 사유를 거쳤을 때 의미를 가진다. 그래야 세상에 존재하는 많은 것들을 포용하는 나의 목소리가 가능하다. 이제라도 더 많은 것을 읽고 보고 듣고 느끼고 싶다. 그래서 따뜻한 영혼을 가진 윤리적 주체가 되고 싶다.

나는 지금도 목격하고 있다. 내면에서 정제되지 못한 거친 정치적 언어들이 인간과 세상을 얼마나 황폐하게 만들고 있는가를. 그런 모습은 그리 오래가지 못하며 얼마나 변덕스러운지도 익히 알고 있다. 생각과 삶의 일치를 중요하게 여기지 않기 때문이다. 세상을 향해서는 '사람'을 말하면서 정작 자신은 사람을 존중하는 태도를 갖지 않는다면 그는 '진실한 주체'가 될 수 없다.

푸코는 자기 점검과 자기 수양을 거친 윤리적 주체만이 진실한 주체가 될 수 있다고 말한다. 그런 진실한 주체가 비로소 진실한 세상을 만들 수 있을 것이다. 그러니 세상을 바라보겠다는 사람일수록 먼저 자신을 바라볼 일이다. 삶을 감당해나가는 힘도, 더 넓고 따뜻한 마음으로 세상을 바라보는 시선도 거기서부터 나올 수 있다. 자기 배려에 관한 푸코의 말이 오늘 이곳의 우리에게 던지는 의미는 그것이 아니겠는가.

절망의 한가운데서 희망 찾기

이 책을 끝까지 읽은 독자라면 느끼시겠지만, 여기서 소개하고 있는 책은 모두 고뇌 덩어리들이다. 인문학이 희망의 기쁨보다는 인간 고통의 근원을 규명하고, 그러면서도 삶의 용기를 찾아가는 것이기에 어쩌면 자연스러운 모습이기도 하다.

실제로 이 책에 나오는 작가나 인물들은 하나같이 자신이 살고 있는 현실을 받아들이지 못한 채 고독하게 실존적 고민을 하고 있다. 글 여기저기에 나오는 내 얘기도 별반 다르지 않다. 그러니 이 책이 바라보고 있는 세상은 어둡게 비칠지 모른다.

사람은 저마다 자기 색깔의 안경을 쓰고 세상을 바라본다. 독자에 따라서는 이의를 제기할지 모르겠다. 세상은 이렇게 밝은데, 그래서 모두들 웃고 있는데, 어째서 당신은 웃지 않느냐고.

마침 얼마 전 촛불 1주년을 맞았다. 많은 사람이 다시 모여 촛불 승리의 기쁨을 나누었다. 촛불의 승리는 분명 희망을 말하는 것이었다. 역사의 진보에 대한 믿음을 다시 찾을 수 있음은 다행스러운 일이다. 그 모두가 내가 간절히 원했던 것들이다.

하지만 희망이 생긴다고 해서 절망의 이유가 자동적으로 사라지는 것은 아니다. 왼쪽과 오른쪽을 번갈아 오가고 있지만 같은 길을 맴돌고 있는 세상. 왼쪽과 오른쪽의 속을 들여다보니 어느덧 닮아 있는 부분이 너무 많아져버린 광경. 그 사이에서 묻게 된다. 나는 어디에 서 있는가. 그 답을 아직 찾지 못했기에 나는 웃을 수가 없다.

루쉰의 『외침』 서문에 나오는 유명한 '철(鐵)의 방' 얘기다.

"가령 말일세, 쇠로 만든 방이 하나 있다고 하세. 창문이라곤 없고 절대 부술 수도 없어. 그 안엔 수많은 사람이 깊은 잠에 빠져 있어. 머지않아 숨이 막혀 죽겠지. 허나 혼수상태에서 죽는 것이니 죽음의 비애 같은 건 느끼지 못할 거야. 그런데 지금 자네가 고래고래 소리를 질러 의식이 붙어 있는 몇몇이라도 깨운다고 하세. 그러면 이 불행한 몇몇에게 가망 없는 임종의 고통을 주는 게 되는데, 자넨 그들에게 미안하지 않겠나?"

나 또한 그런 윤리적 고민을 했다. 우리가 아직 철의 방 안에 있다는 얘기를 이렇게 불쑥 꺼내도 되는 것인지……

하지만 이 책은 잠들어 있는 누군가를 계몽하려 하지는 않는다. 나 자신조차 철의 방 안에 갇혀 있음에 대한 고백이다. 다만 빠져나갈 창문은 과연 없는지, 문을 부술 수는 없는지, 마지막까지 찾아보려 한다.

우리가 철의 방에 갇혀 있다는 사실을 말하는 것으로 이 책은 끝나지 않았다. 그래도 우리가 인간의 존엄을 지키며 살아갈 수 있는 길을 찾아가자고 말했다.

모든 역사, 모든 삶에서 희망과 절망은 언제나 교차한다. 어느 것이 더 강한지, 나는 앞을 알지 못한다. 다만 절망을 줄이고 희망을 키우기 위한 노력은 부단히 계속되어야 함은 말할 수 있다. 그것이 우리를 지탱해주는 존재의 이유이기 때문이다.

책의 마지막까지 함께 해주신 분들에게 진심으로 감사드린다.

416 세월호 참사 시민기록위원회 작가기록단, 『금요일엔 돌아오렴』, 창비, 2015.

강대진, 『일리아스』, 그린비, 2010.

강유원, 『장미의 이름 읽기』, 미토, 2004.

고미숙 외, 『루쉰, 길 없는 대지』, 북드라망, 2017.

디오게네스 라에르티오스, 전양범 옮김, 『그리스철학자 열전』, 동서문화사, 2008.

롤랑 바르트, 김진영 옮김, 『애도일기』, 이순, 2016.

루쉰, 루쉰전집번역위원회 옮김, 『루쉰전집 3: 들풀』, 그린비, 2015.

마루야마 겐지, 김난주 옮김, 『인생 따위 엿이나 먹어라』, 바다출판사, 2013.

미셸 푸코, 오트르망·심세광·전혜리 옮김, 『담론과 진실』, 동녘, 2017.

미셸 푸코, 심세광 옮김, 『주체의 해석학』, 동문선, 2007.

박병화, 『다시 카프카를 생각하며』, 세창미디어, 2011.

박설호 「치료의 대상으로서의 죽음을 불사하는 용기 – 브레히트의 〈부상당한 소크라테스〉 연구」, 『브레히트와 현대연극』, 한국브레히트학회, 제33권, 2015.

박완서, 『부처님 근처』, 가교출판, 2012.

박완서, 『한 말씀만 하소서』, 세계사, 2004.

빅토르 위고, 정기수 옮김 『파리의 노트르담』, 민음사, 2015.

빌헬름 엠리히, 편영수 옮김, 『프란츠 카프카』, 지식을 만드는 지식, 2011.

소포클레스, 천병희 옮김, 『소포클레스 비극 전집』, 숲, 2008.

아르투어 쇼펜하우어, 홍성광 옮김, 『의지와 표상으로서의 세계』, 을유문화사, 2015.

알베르 카뮈, 오영민 옮김,『시시포스 신화』, 연암서가, 2014.

알베르 카뮈, 이휘영 옮김,『전락』, 문예출판사, 2015.

앙드레 보나르, 양영란 옮김,『그리스인이야기 2』, 책과함께, 2011.

움베르토 에코, 이윤기 옮김,『장미의 이름 작가 노트』, 열린책들, 2009.

움베르토 에코, 이윤기 옮김,『장미의 이름』, 열린책들, 2016.

유창선,「이영희 선생님께 드리는 편지」,『월간 말』, 1991년 3월호.

임마누엘 칸트,「계몽이란 무엇인가에 대한 답변」, 이한구 편역,『역사철학』, 서광사, 2009.

자클린 드 로미이, 이명훈 옮김,『왜 그리스인가?』, 후마니타스, 2011.

장영란,『죽음과 아름다움의 신화와 철학』, 루비박스, 2015.

지그문트 프로이트, 윤희기 옮김,『정신분석학의 근본개념』, 열린책들, 2003.

표도르 도스토예프스키, 김연경 옮김,『카라마조프가의 형제들』, 민음사, 2015.

표재명,『키에르케고어의 단독자 개념』, 서광사, 1992.

프란츠 카프카, 오용록 옮김,『성』, 솔, 2017.

프란츠 카프카, 박환덕·김영룡 옮김,『변신』, 인디북, 2008.

프리드리히 니체, 김성균 옮김,『니체 자서전 – 나의 여동생과 나』, 까만양, 2013.

프리드리히 니체, 백승영 옮김,『니체전집 15 – 이 사람을 보라』, 책세상, 2015.

프리드리히 니체, 안성찬·홍사현 옮김,『니체전집12 – 즐거운 학문』, 책세상, 2005.

프리드리히 니체, 정동호 옮김,『니체전집13 – 차라투스트라는 이렇게 말했다』, 책세상, 2000.

프리드리히 니체, 이진우 옮김,『니체전집2 – 비극의 탄생·반시대적 고찰』, 책세상, 2005.

프리드리히 니체, 김미기 옮김,『니체전집7 – 인간적인 너무나 인간적인 I』, 책세상, 2001.

플라톤, 강철웅 옮김, 『소크라테스의 변명』, 이제이북스, 2014.

플라톤, 전헌상 옮김, 『파이돈』, 이제이북스, 2013.

한나 아렌트, 김선욱 옮김, 『예루살렘의 아이히만』, 한길사, 2006.

한나 아렌트, 이진우·태정호 옮김, 『인간의 조건』, 한길사, 2015.

한나 아렌트, 이진우·박미애 옮김 『전체주의의 기원』, 한길사, 2006.

한나 아렌트, 윤철희 옮김, 『한나 아렌트의 말』, 마음산책, 2016.

헤르만 헤세, 김이섭 옮김, 『수레바퀴 아래서』, 민음사, 2009.

호메로스, 천병희 옮김, 『일리아스』, 숲, 2014.

홍원표, 『한나 아렌트 정치철학』, 인간사랑, 2013.

홍일립, 『인간 본성의 역사』, 에피파니, 2017.

삶은 사랑이며 싸움이다

초판 1쇄 발행 2017년 12월 15일
초판 2쇄 발행 2018년 5월 25일

지은이   유창선
펴낸이   문채원
편집   오효순
디자인   이창욱
마케팅   박효정, 정승호, 전지훈

펴낸곳   도서출판 사우
출판등록 2014-000017호
주소   서울시 양천구 목동동로 50, 1223-508
전화   02-2642-6420
팩스   0504-156-6085
전자우편 sawoopub@gmail.com

ISBN 979-11-87332-14-5   03100

「이 도서의 국립중앙도서관 출판예정도서목록(CIP)은 서지정보유통지원시스템 홈페이지(http://seoji.nl.go.kr)와 국가
자료공동목록시스템(http://www.nl.go. kr/kolisnet)에서 이용하실 수 있습니다.(CIP제어번호: CIP2017030088)」